w_orten
& meer

Morgan Bassichis, Alexander Lee und Dean Spade:
Mit allem was wir leben!
Ein Manifest für radikal trans*formierende Bewegungen

1. Auflage, Hiddensee: w_orten & meer, 2021
ISBN 978-3-945644-25-6

Übersetzung: Eliah Lüthi
Cover und Satz: bureau zanko
Druck: Oktoberdruck GmbH, Berlin

Printed in Germany

w_orten & meer GmbH
Verlag für verbindendes diskriminierungskritisches Handeln
Süderende 86, 18565 Insel Hiddensee
Email: kontakt@wortenundmeer.net
www.wortenundmeer.net

Bibliografische Information der Deutschen Nationalbibliothek:
Die Deutsche Nationalbibliothek verzeichnet dieses Publikation in der Deutschen Nationalbibliografie; detaillierte bibliografische Daten sind im Internet über https://portal.dnb.de abrufbar.

Mit allem was wir leben!

Ein Manifest für radikal trans*formierende Bewegungen

Von

Morgan Bassichis,

Alexander Lee

und Dean Spade

Aus dem us-amerikanischen Englisch

von Eliah Lüthi

Dieser Band wurde umweltfreundlich gedruckt:

- auf 100% Recyclingpapier,
  FSC-zertifiziert mit dem Blauen Engel
- mit mineralölfreien Druckfarben ohne Isopropanol
- ohne Folie kaschiertes Cover
- uneingeschweißt

Umfassende Nachhaltigkeit in Bezug auf natürliche Ressourcen und soziales Miteinander ist Verlagskonzept: Strom und Gas für das Büro beziehen wir über Greenpeace Energy, wir reparieren, statt neu zu kaufen, unser Bürobedarf ist ökologisch, und wir versuchen alle Arbeitsprozesse möglichst fair zu gestalten. Wir setzen uns ein für ein wertschätzendes und ressourcenschonendes Sein in Welt.

Inhalt

Anmerkungen zur Übersetzung:

Der Originaltext wurde 2011 in den USA veröffentlicht. Seitdem sind zehn Jahre vergangen, aber an seiner Aktualität hat der Text nichts eingebüßt. Einen aktuellen Bezug zum deutschsprachigen Raum bietet der Begleittext im Anschluss an das Manifest – mit konkreten Beispielen zu widerständigen Projekten.

Zum Titel des Manifests:

Das Manifest heißt im Original »Building an abolitionist trans and queer movement with everything we've got.« In direktem Bezug auf Bassichis, Lee und Spade wird »abolition« im gesamten Text als grundlegende/radikale Transformation übersetzt. Am Ende des Manifests beschreiben die Autorens

Abolition als »Praxis der Transformation«, die »bedeutet Unterdrückendes niederzureißen und Nährendes aufzubauen.« Damit bewegen sie sich in der Tradition der Abolition von Sklaverei, Segregation und Gefängnissen. Für dieses geschichtsträchtige und umfassende Verständnis von Abolition gibt es im Deutschen keine direkte Übersetzung. Deshalb wird hier auf die Umschreibung der Autorens als grundlegende/radikale Transformation, bzw. grundlegend/radikal transformierend zurückgegriffen.

Zu sprachlichen Formen im Text:

Wenn allgemein Menschen mit verschiedenen Genderverständnissen gemeint sind, haben wir uns für die Endung -ens (von M*ens*ch) entschieden als genderfreie Bezeichnung für eine Gruppe von Menschen (zum Beispiel Freiheitskämpfens).

Wir möchten den Freundens, Genossens und Organisationen danken, deren Arbeit, Liebe und Denken den Weg zu diesem Text und zu unseren kollektiven Befreiungsbewegungen bereitet haben. Dazu gehören: Anna Agathangelou, Audre Lorde Project, Community United Against Violence (CUAV), Communities Against Rape and Abuse (CARA), Critical Resistance, Eric Stanley, FIERCE!, INCITE! Women of Color Against Violence, Justice Now, Lala Yantes, Mari Spira, Miss Major, Mordecai Cohen Ettinger, Nat Smith, Southerners on New Ground (SONG), Sylvia Rivera Law Project (SRLP), Transforming Justice Coalition, Transgender, Gender Variant, Intersex Justice Project (TGIJP) und Vanessa Huang.

MIT ALLEM WAS WIR LEBEN!

Ein Manifest für radikal trans*formierende Bewegungen

Erst kürzlich feierten queere und trans* Personen überall in den USA und vielen Teilen der Welt den vierzigsten Jahrestag der Stonewall Proteste. In jener geschichtsträchtigen Nacht im Juni 1969 versammelten sich Menschen, die über Normen zu Sexualität und Gender aus der Gesellschaft verstoßen wurden. In einem beeindruckenden Akt des Widerstandes verbündeten und wehrten sie sich gegen die andauernde brutale Polizeigewalt. Diese frühen Freiheitskämpfens wussten nur allzu gut, dass die New Yorker Polizei – auch: »New York's finest« genannt – die größte Gefahr für das Über_leben von queeren und trans* Personen darstellte. In Stonewall trafen viele Jahre der Unterdrückung, des Grolls und des Aufruhrs vieler marginalisierter Gemeinschaften zusammen, vereint in einem neuen Bewusstsein über die tiefgreifende Gewalt, die der Staat gegen arme Menschen, queere Menschen und Menschen of Color ausübt – sowohl innerhalb der us-amerikanischen Grenzen, als auch weltweit. Der Aufruhr von Stonewall, die Massen-Demonstrationen gegen den Vietnamkrieg und die Aktionen für die Befreiung der Schwarzen Freiheitsaktivistin Assata Shakur sind kraftvolle Beispiele dafür, wie vereinte kollektive Kräfte in diesen Zeiten ein Ende des ›alltäglichen Geschäfts‹ des us-amerikanischen Terrors fordern. Hätten sich diese bahnbrechenden und meist unbesungenen Aktivistens vorstellen können, dass die ›offizielle‹ Agenda schwul-lesbischer Politiken vierzig Jahre später weitestgehend für Polizei, für Gefängnisse und für Kriege steht – für genau jene Mächten, denen sie sich so kraftvoll widersetzt haben? Nur wenige Jahrzehnte später erinnern die öffentlich wahrnehmbarsten und kapitalkräftigsten Teile der ›LSBT-Bewegung‹ mehr an unternehmerische Strategiesitzungen als an Basisbewegungen für soziale Gerechtigkeit. Es gibt unzählige Beispiele für diese dramatische Prioritätenverschiebung. Was als Kampf gegen rassistische, klassistische und queer-feindliche Polizeigewalt begann, arbeitet heute Hand in Hand mit Exekutivorganen auf lokaler und auf Bundesebene – Staatsanwältens werden als Rednens zu trans* Demonstrationen eingeladen, die Polizei marschiert auf SchwuLesBischen Pride Paraden mit. Die Ziele vieler queerer und trans*

Organisationen werden den Zielen von denen, die unsere Familien, Freundens und Liebsten (strafrechtlich) verfolgen immer ähnlicher – weil sie eine größere Polizeipräsenz und strafmaßerhöhende Gesetzesänderungen ganz oben auf die Prioritätenliste setzen. Gesetzesentwürfe zu ›Hasskriminalität‹ sind Teil von Gesetzespaketen mit ›Verteidigungs‹-Etats in Milliardenhöhe, welche die us-militärische Vorherrschaft in Palästina, Irak, Afghanistan und andernorts stützen. Trotz der Rhetorik *einer* ›LSBT-Community‹, werden trans* Menschen und gender-nichtkonforme Menschen in den Zielen ›führender‹ LSBT-Organisationen wiederholt vernachlässigt oder an den Rand gedrängt – unlängst zeigte dies die Aushöhlung des *Antidiskriminierungsgesetzes für den Schutz verschiedener Genderidentitäten im Arbeitskontext*[1]. Und während die Zahl von Menschen ohne feste Arbeit, Unterkunft oder Gesundheitsversorgung steigt, – besonders betroffen sind davon arme queere und trans* Menschen of Color – bestehen die (selbst)ernannten Leitfiguren der ›LSBT Bewegung‹ darauf, dass die ›*Ehe für Alle*‹ die Ungleichbehandlung unserer Gemeinschaften beseitigen wird.

Für immer mehr von uns queeren und trans* Menschen gibt es – unabhängig davon, ob wir verheiratet sind,

1 Anm. d. Übers.: Im Original: *Employment Non-Discrimination Act of Gender Identity Protections.*

oder nicht – kein Erbe, keine Gesundheitsleistungen durch die Arbeitsgebens, keinen sicheren Aufenthaltsstatus, keinen staatlichen Schutz der Beziehung zu unseren Kindern. Vier Jahrzehnte nachdem queere und trans* Menschen auf die Straßen gingen und mit Flaschen, Steinen, Stöckelschuhen und allem was wir sonst noch hatten die Polizei abwehrten, lautet die offizielle Devise: Abgesehen von der Möglichkeit zu heiraten und im Militär[2] zu kämpfen, sind

---

2 Im Zusammenhang mit der Aufhebung des Gesetzes, welches umgangssprachlich als *Don't Ask Don't Tell* bezeichnet wird [Anm. d. Übers.: »Frag nichts und sag nichts.« Das Gesetz verbot schwuLesBischen Menschen im Militär über ihre sexuelle Orientierung zu sprechen] fanden sich 2011 queere und trans* Menschen, die sich gegen die schreckliche Gewalt des US-Militärs auf der ganzen Welt einsetzen, enttäuscht – nicht nur von der pro-militärischen Rhetorik der Kampagne für den Militärdienst von Schwulen und Lesben, sondern auch von den neuen Debatten, die seitdem über die Ausbildung von US-Reserveoffizierens [ROTC] auf Universitätsgeländen entstanden.
Viele Universitäten, die das Militär vom Campus ausgeschlossen haben, erwägen derzeit, es wieder auf das Universitätsgelände zurückzubringen, und einige Aktivistens argumentieren, dass das Militär deshalb vom Universitätsgelände fernbleiben sollte, da trans* Menschen noch immer vom Dienst ausgeschlossen sind. Die Argumente in diesen Debatten beziehen sich auf schmerzliche Weise und unhinterfragt auf den US-Militarismus. Sie vergessen, dass jahrelange Kampagnen zum Ausschluss des US-Militärs vom Universitätsgelände und zur Unterbrechung militärischer Rekrutierungskampagnen und -strategien nicht nur auf einer Kritik der schrecklichen Gewalt des Militärs gegenüber Soldatens beruhen sollte. Vielmehr sollten sie auch die kolonialistischen und imperialistischen Zwecke ablehnen, die dem US-Militarismus zugrunde liegen.

wir ziemlich frei, sicher und gleichgestellt. Und für diejenigen von uns, auf die das nicht zutrifft, heißt es: warten, bis wir an der Reihe sind – nachdem die ›vorrangigen‹ Ziele der weitestgehend *weißen*, männlichen Oberschichts-Anwältens und Lobbyistens erreicht wurden, die alles besser wissen als wir.[3]

Zum Glück wuchsen neben dieser Form der ›*Gleichstellung* von oben herab‹[4] radikale queere und trans* Zusammenhänge mit dem Ziel einer tiefgreifenden Transformation. Obwohl es keine klare Trennung zwischen den offiziellen SchwuLesBischen ›Gleichstellungspolitiken‹ auf der einen und den radikaleren ›Gerechtigkeitspolitiken‹ auf

3 Dies wurde schmerzhaft deutlich, als in dem Kampf gegen das kalifornische Verbot von gleichgeschlechtlicher Ehe, der *Proposition 8*, eine Bandbreite von LSBT-Stiftungen und individuellen Förderens die Gleichberechtigung der Ehe zum zentralen Förderziel erklärten und überlebensnotwendige Förderungen für Anti-Gewalt-Projekte, HIV/AIDS-Projekte, Kunstorganisationen und weitere Projekte einstellten.

4 »Von oben herab« referiert auf die Wirtschaftspolitik, die mit der Amtszeit von Reagan in Verbindung gesetzt wird. Diese Politik setzte unter dem Deckmantel der Arbeitsbeschaffung für Menschen der Mittel- und Arbeitsklasse auf eine Steuererleichterung für Reiche. Die Linke hat berechtigterweise argumentiert, dass Gerechtigkeit, Wohlstand und Sicherheit nicht von oben nach unten »durchsickert«‹, sondern vielmehr umverteilt werden müsse an die Menschen, welche in der wirtschaftlichen und politischen Hierarchie ganz unten sind. Strategien »von oben herab«, oder »von oben nach unten« funktionieren primär als eine weitere Möglichkeit, Reichtum und Sicherheit nach oben zuzuteilen.

der anderen Seite gibt, ist es wichtig, einige zentrale Unterschiede aufzuzeigen, wie die verschiedenen Teile unserer heutigen aktivistischen Bewegungen auf die zentralen Probleme von queeren und trans* Menschen antworten. Dabei möchten wir keine künstliche Dichotomie zwischen ›guten‹ und ›schlechten‹ Ansätzen schaffen. Vielmehr wollen wir verdeutlichen, welche Auswirkungen unterschiedliche Strategien tatsächlich haben und aufzeigen, dass es alternative Ansätze zu den ›offiziellen‹ Lösungen gibt, und dass diese lebendig und politisch umsetzbar sind und von Aktivistens und Organisationen in den USA und weltweit bereits gelebt werden. In der ersten Spalte bestimmen wir einige der zentralen Probleme, denen unsere Communitys ausgesetzt sind; in der zweiten Spalte fassen wir die Lösungen zusammen, die von den ressourcen-stärksten[5] Teilen unserer Bewegungen angeboten werden; und in der dritten Spalte skizzieren wir einige Ansätze von radikaleren und progressiveren queer und trans* Zusammenhängen. Diese ermöglichen breit angelegte Lösungen der sozialen Gerechtigkeit, um auf ebendiese Probleme zu antworten.

5 Damit meinen wir die öffentliche Repräsentation und die Bestimmung der Agenda, wie es die finanzstarken (mit einem Budget von über einer Million US-Dollar jährlich) LSBT-Organisationen wie *Human Rights Campaign* oder *National Lesbian and Gay Task Force* machen.

Die aktuelle Lage

ZENTRALE PROBLEME	›OFFIZIELLE‹ LÖSUNGEN	TRANSFORMIERENDE ANSÄTZE
Queere und trans* Menschen, arme Menschen, Menschen of Color und Migrierens haben nur eingeschränkten Zugang zu guter Gesundheitsversorgung.	Legalisieren die ›Ehe für alle‹ und erlauben Menschen, ihre jobgebundene Krankenversicherung mit dens gleichgeschlechtlich Partnens zu teilen.	Stärken das Gesundheitsprogramm für Bedürftige (Medicaid) und die Krankenversicherung für Menschen über 65 (Medicare); richten eine Gesundheitsversorgung für alle ein; kämpfen für trans* spezifische Gesundheitsversorgung; beenden die medizinische Vernachlässigung von Menschen in staatlichem Gewahrsam.
Queere und trans* Menschen sind regelmäßig und oft lebensbedrohlicher Gewalt ausgesetzt durch Partnens, ihre Familien, Arbeitgebens, Polizei und andere Organe des Strafvollzugs, sowie Personal von Institutionen.	Verabschieden ein Gesetz zu ›*Hasskriminalität*‹, um Strafmaße zu erhöhen und die Strafverfolgung auf lokaler und Bundesebene zu stärken; erstellen Statistiken und sammeln Daten zu Gewalt; arbeiten mit Strafverfolgung auf lokaler und Bundesebene, um ›Hasskriminalität‹ und häusliche Gewalt zu belangen.	Bilden gemeinschaftliche Beziehungen und (Infra)strukturen, um die Heilung und Transformation derjenigen zu unterstützen, die von zwischenmenschlicher und generationsübergreifender Gewalt betroffen waren; schließen sich zusammen mit Bewegungen, welche die Gründe für den vorzeitigen Tod von trans* und queeren Menschen bei den Wurzeln packen – inklusive Polizeigewalt, Inhaftierung, Einwanderungspolitiken, mangelnde Gesundheitsversorgung und fehlende Unterbringung.

ZENTRALE PROBLEME	›OFFIZIELLE‹ LÖSUNGEN	TRANSFORMIERENDE ANSÄTZE
Queer und trans* Personen im Militär erleben Gewalt und Diskriminierung.	Heben das Verbot auf, welches Schwulen und Lesben die Aufnahme ins US-Militär verbietet.	Schließen sich zusammen mit Kriegsgegnens, radikal-kritischen Veteranens und jungen Menschen, um gemeinsam gegen militärische Interventionen, Besatzungen und Kriege im In- und Ausland einzustehen und um die Reduzierung/ Streichung des ›Verteidigungs‹-Haushalts zu fordern.
Queere und trans* Menschen sind einem unfairen und sanktionierenden Einwanderungssystem ausgesetzt.	Legalisieren die ›Ehe für alle‹, um internationalen gleichgeschlechtlichen Paaren zu ermöglichen, einen Aufenthalt für dens Partnens ohne us-amerikanische Staatsbürgensschaft zu beantragen.	Setzen sich ein für die Beendung von Einwanderungspolitiken, welche die Kriminalisierung von People of Color, die Ausbeutung von Sexarbeitens und die Aufrechterhaltung des tödlichen Wohlstandgefälles zwischen den USA und dem Globalen Süden sichern; unterstützen Menschen, die gegenwärtig inhaftiert sind und setzen den Razzien der *Einwanderungs- und Zollvollstreckungsbehörde*, den Deportationen und der Zusammenarbeit mit der Polizei ein Ende.

ZENTRALE PROBLEME	›OFFIZIELLE‹ LÖSUNGEN	TRANSFORMIERENDE ANSÄTZE
Queere und trans* Familien sind legalen Eingriffen und Trennungen durch den Staat, Institutionen und/ oder nicht-queeren Personen ausgesetzt.	Legalisieren die ›Ehe für alle‹ als möglichen Weg der legalen Anerkennung von Familien mit zwei gleichgeschlechtlichen Elternteilen; verabschieden Gesetze, welche die Diskriminierung aufgrund sexueller Orientierung in Adoptionsprozessen verbietet.	Verbünden sich mit den Kämpfen von trans*_queeren und nicht trans*_queeren Familien of Color, inhaftierten Eltern und Jugendlichen, Indigenen Familien, armen Familien, Familien von Militärdienstleistenden und beHinderten Menschen, um die gemeinschaftliche und familiäre Selbstbestimmung und das Recht zu erlangen, Kinder, Eltern und weitere Familienpersonen in ihren Gemeinschaften und Familien zu behalten.
Institutionen versagen in der Anerkennung von Familienbezügen, die über heterosexuelle Ehen hinausgehen, zum Beispiel in den Bereichen Krankenhausbesuchsrecht und Erbschaft.	Legalisieren die ›Ehe für alle‹, um die offizielle Anerkennung von gleichgeschlechtlichen Partnens vor dem Gesetz zu ermöglichen.	Ändern Bestimmungen, wie jene zum Krankenhausbesuchsrecht, um eine Vielfalt von Familienstrukturen anzuerkennen und nicht nur gleichgeschlechtliche Paare; schaffen Erbschaft ab und fordern eine radikale Umverteilung von Reichtum und das Ende von Armut.

ZENTRALE PROBLEME	›OFFIZIELLE‹ LÖSUNGEN	TRANSFORMIERENDE ANSÄTZE
Queere und trans* Personen werden überproportional oft (polizeilich) kontrolliert und überwacht, verhaftet und inhaftiert; in staatlichem Gewahrsam sind sie mit massiver Gewalt konfrontiert – sowohl durch Amtsträgens, als auch durch weitere inhaftierte Personen.	Setzen sich ein für ›Kompetenztrainings‹ für Exekutivorgane und für den Bau von queer- und trans*-spezifischen ›gendergerechten‹ Einrichtungen; setzen Bestimmungen auf, die besagen, dass queere und trans* Menschen anderen Menschen in staatlichem Gewahrsam gleichgestellt sind; beziehen weitestgehend keine Stellung zu den hohen Zahlen von Inhaftierungen in trans* und queeren Gemeinschaften, Gemeinschaften of Color und armen Gemeinschaften.	Bauen nachhaltige, verantwortungsvolle Beziehungen auf zu queeren und trans* Menschen, die inhaftiert sind und setzen sich für sie ein, um sie zu unterstützen in ihrem täglichen Wohlergehen, ihrer Heilung, Selbstbestimmung und Überleben; bauen kollektive Unterstützungssysteme für Menschen auf, die aus der Haft entlassen werden; arbeiten mit weiteren Bewegungen zusammen, um die Grundursachen für die Inhaftierung von queeren und trans* Menschen zu adressieren; wirken auf die Auflösung von Gefängnissen hin, schaffen gemeinschaftliche Unterstützungsstrukturen für beHinderte Menschen und beenden die medizinische und psychiatrische Institutionalisierung; bieten permanente Wohnmöglichkeiten für wohnungslose Menschen, statt temporärer Obdachlosenunterkünfte.[6]

6 Eine vertiefte Untersuchung des Gewaltkreislaufs von Armut, Kriminalisierung, Inhaftierung und Strafvollzug in trans* und gender-nichtkonformen Gemeinschaften, findet sich hier: Sylvia Rivera Law Project: *It's War in Here: A Report on the Treatment of Transgender and Gender Non-Conforming*

I. Wie sind wir hier gelandet?

Die unterschiedlichen Strömungen sowohl der konservativen, als auch der progressiveren und radikalen queeren und trans* Ansätze haben sich über die Zeit hinweg entwickelt, im Kontext einer sich rasant ändernden politischen, ökonomischen und sozialen Landschaft. Auch wenn wir hier keine vollständige Herleitung dazu bieten können, wie diese unterschiedlichen Strömungen entstanden sind und wie die konservativere Strömung sich auf nationaler Ebene durchgesetzt hat, so halten wir es doch für wichtig, dem historischen Kontext nachzuspüren, in dem diese Verschiebungen auftraten. *Um mit unseren Bewegungen andere Wege einzuschlagen, müssen wir den Weg verstehen, den wir bereits zurückgelegt haben.* Wir glauben, dass es insbesondere zwei wesentliche Merkmale gibt, welche die zweite Hälfte des zwanzigsten Jahrhunderts und somit den Kontext prägten, in dem sich queere und trans* Bewegungen entwickelten: (1) Der aktive Widerstand gegen und die Infragestellung von staatlicher Gewalt durch radikale Bewegungen und die darauffolgenden systematischen

---

People in New York State Prisons (Online unter www.srlp.org) und: *Gendered Punishment: Strategies to Protect Transgender, Gender Variant and Intersex People in America's Prisons* (Kann über das TGI Justice Project angefordert werden: info@tgijp.org)

Repressalien[7] und (2) die massiven Turbulenzen und Umbrüche der globalen Wirtschaft[8]. Aktivistens und Wissenschaftlens nutzen Begriffe wie Neoliberalismus, die ›Neue Weltordnung‹, Imperium, Globalisierung, Demokratie des freien Marktes oder Spätkapitalismus, um die Zeitspanne zu beschreiben, in der Macht, Wohlstand und Unterdrückung zu einer Antwort auf diese beiden wesentlichen ›Krisen‹ geworden sind. Jeder dieser Begriffe beschreibt unterschiedliche Aspekte oder Interpretationen von dem historischen Moment, in dem wir aktuell leben.

Es ist wichtig, sich darüber im Klaren zu sein, dass *keine der Strategien der ›Neuen Weltordnung‹ neu sind.* Sie

---

7 Dies war eine Zeit, in der radikale und revolutionäre nationale und internationale Bewegungen sehr aktiv waren und sich gegen ›*w*eiße Vorherrschaft‹, Patriarchat, Kolonisation und Kapitalismus wendeten – unter anderem in Organisationen, wie der American Indian Bewegung, der Black Liberation Army, Young Lords, Black Panther Partei für Selbstverteidigung, den Brown Berets, Earth First!, der Gay Liberation Front und dem Weather Underground in den USA, sowie Organisationen, die sich in Guinea-Bissau, Jamaika, Vietnam, Puerto Rico, Zimbabwe und andernorts gegen Kolonisierung zusammenschlossen. Überall auf der Welt konnten Massenbewegungen große Gewinne gegen den Imperialismus und ›*w*eiße Vorherrschaft‹ erreichen, und sie konnten den Genozid aufdecken, welcher direkt unter den us-amerikanischen Erzählungen zu Demokratie, der us-amerikanischen Außergewöhnlichkeit und Freiheit verborgen liegt.

8 Siehe Ruth Wilson Gilmore: Globalisation and US Prison Growth: From Military Keynesianism to Post-Keynesian Militarism, *Race and Class,* Vol. 40, No. 2-3, 1998/99.

mögen schneller greifen, neue Technologien oder die Unterstützung neuer Gruppen nutzen, aber neu sind sie nicht. Unterdrückende Dynamiken sind in den USA so alt wie die Kolonisierung dieses Bodens und die Gründung dieses Staates auf der Basis von Versklavung und Genozid. Allerdings haben diese Dynamiken in den letzten Jahrzehnten verstärkte und nur schwer greifbare Formen angenommen – insbesondere weil die Regierung uns immer wieder weismachen will, dass diese Institutionen und Praktiken ›abgeschafft‹ wurden. Die ›guten alten Zeiten‹ gab es in den USA nie. Es gab nur Zeiten, in denen unsere Bewegungen und Gemeinschaften stärker oder schwächer waren, und Zeiten, in denen wir unterschiedliche Risse im System für unseren Widerstand nutzten. Alles in allem könnten wir die letzten Jahrzehnte als eine Zeit charakterisieren, in der Strategien und Ideen von mächtigen Nationen und Institutionen (wie der Welthandelsorganisation und dem Internationalen Währungsfonds) vorangebracht wurden, welche die wenigen Sicherheitsnetze, die für die Verletzlichsten unter uns geschaffen wurden, zerstören, die Errungenschaften sozialer Bewegungen zerlegen und Reichtum, Ressourcen und die Möglichkeit zu Lebensveränderungen weiter nach oben verschieben: hin zur Elite und weiter weg von den ärmeren Menschen.[9]

---

9 Eine äußerst überzeugende Analyse zu Neoliberalismus und seinen

Im Folgenden zeigen wir einige der zentralen Strategien auf, welche die USA und andere Staaten in diesem letzten Kapitel unserer Geschichte angewendet haben:[10]

Zieh dich (mal wieder) am eigenen Schopf aus dem Sumpf

Zusammen mit verbündeten Staaten und Institutionen des Globalen Nordens ermöglichte die us-amerikanische Regierung die Verabschiedung von Gesetzen und Richtlinien, die es Arbeitens erschweren, sich in Gewerkschaften zu organisieren, die Wohlfahrtsprogramme zerstören und Sozialhilfeempfängens als schamlos und betrügerisch darstellen. Diese Institutionen und Nationen des Globalen Nordens schafften internationale Wirtschaftsrichtlinien und Handelsabkommen, welche Sicherheitsnetze und Arbeitsrechte abbauten und Umweltschutzmaßnahmen reduzierten – insbesondere in Nationen des Globalen Südens. In ihrer Ge-

---

Auswirkungen auf soziale Bewegungen findet sich bei Lisa Duggan: *The Twilight of Equality: Neoliberalism, Cultural Politics, and the Attack on Democracy,* Beacon Press, 2004.

10 Anm. d. Übers.: Konkrete Beispiele für solche aktuellen Strategien der Unterdrückung im deutschsprachigen Raum finden sich im Begleittext ab Seite 74.

samtheit zerlegten diese Bestrebungen jene Gesetze und Sozialprogramme, die das Ziel hatten, Menschen vor Armut, Gewalt, Krankheit und anderen schädlichen Auswirkungen des Kapitalismus zu schützen.

Beispiel: In den frühen 1990er Jahren implementierten die USA unter Clinton (Demokratische Partei) das Nordamerikanische Freihandelsabkommen *(North American Free Trade Agreement NAFTA)*. Dieses sollte Unternehmen erleichtern, grenzübergreifende Geschäfte zwischen den USA, Mexiko und Kanada zu betreiben. Den Unternehmen wurde ermöglicht, Arbeit weitaus billiger ins Ausland auszulagern. Leider führte dies auch zu dem Verlust hunderttausender Arbeitsplätze in den USA und zu Lohndrückerei – sowohl in den USA, als auch in den Ländern, in die die Arbeitsplätze verschoben wurden. Menschenrechts-Aktivistens haben, seitdem das NAFTA Abkommen in Kraft ist, weitverbreitete Verstöße gegen Arbeitsrechte dokumentiert. Dies umfasst die »Bevorzugung von Gewerkschaften, die von Arbeitgebens kontrolliert werden; Entlassungen aufgrund von Aktivitäten für die Selbstorganisation von Arbeitnehmens; Verweigerung des Rechts auf kollektive Tarifverhandlungen; erzwungene Schwangerschaftstests; schlechte Behandlung von Wanderarbeitens und migrantischen Arbeitnehmens; lebensbedrohliche Gesundheits- und Sicherheitsbedingungen« und weitere Verstöße, wie zum Beispiel gegen das Recht auf Versammlungsfreiheit, Diskriminierungsfreiheit und das Recht auf einen Mindestlohn.[11] Durch den Verlust von Arbeitsplätzen in den USA hatten die Arbeitens eine schlechtere Verhandlungsposition. Verzweifelter denn je waren sie auf Löhne angewiesen, welche genauso wie die Sozialleistungen zurückgingen. Viele Arbeitnehmens waren dazu gezwungen, als ›Aushilfe‹ oder als Teilzeitbeschäftigte zu arbeiten – ohne Sozialleistungen oder Arbeitsplatzsicherheit.

Beispiel: 1996 unterzeichnete Präsident Clinton das Gesetz zum Abgleich von Eigenverantwortlichkeit und Arbeitsgelegenheit *(Personal Responsibility and Work Opportunity Reconciliation Act)*, welches jeden noch so kleinen Rest von Wohlfahrtstaatlichkeit effektiv zerschlug. Geschaffen wurde dadurch eine große Zahl restriktiver Maßnahmen, die Unterstützung für Sozialhilfeempfängens einschränkten, Strafen erhöhten und

11 Siehe: Human Rights Watch: NAFTA Labor Accord Ineffective, 2001. http://hrw.org/english/docs/2001/04/16/global179.htm. Explizit werden in Beschwerden von Arbeitnehmens u. a. die folgenden Unternehmen genannt: General Electric, Honeywell, Sony, General Motors, McDonald's, Sprint und Apple Industry im Bundesstaat Washington.

Sozialhilfebezug an verpflichtende Arbeitsmaßnahmen knüpften. Dadurch entzog sich die Regierung der Verantwortung, armutsbetroffenen Menschen und Menschen aus der Arbeitsklasse zumindest ein geringfügiges Sicherheitsnetz zu gewährleisten. Die Rhetorik von ›Eigenverantwortlichkeit‹ und ›Arbeit‹ wurde genutzt, um die durch Kapitalismus und Rassismus verursachte Ausbeutung und Qual zu rechtfertigen. Angeheizt wurde dieser politische Kurswechsel durch sexistische, rassistische Darstellungen von armutsbetroffenen Menschen als unmoralisch, betrügerisch und drogenabhängig. Seither haben einige Städte lokale Maßnahmen verabschiedet, welche die ökonomischen Sicherheitsnetze für arme und obdachlose Menschen und Menschen der Arbeitsklasse weiter ausdünnen. Bezeichnend ist das berüchtigte »Sorge statt Geld«-Programm (»Care Not Cash«) aus San Francisco. In diesem setzte der Bürgermeister Newsom 2002 eine drastische Kürzung der Sozialleistungen für obdachlose Menschen durch. Argumentiert wurde, dass diese ihre Bezüge für »Drogen und Alkohol« ausgegeben würden.[12]

12 Sapphire: »A Homeless Man's Alternative to ›Care Not Cash‹«, *Poor Magazine,* 2003, http://www.poormagazine.org/node/1360.

Sündenbock-Denken

Der Wegfall von Arbeitsplätzen im Produktionssektor und die Aushöhlung von sozialen Sicherheitsnetzen für Armuts-Betroffene und Angehörige der Arbeitsklasse, führte zu einer wachsenden Zahl von Menschen, die geringfügig beschäftigt und schlecht untergebracht waren und dadurch in kriminalisierte Wirtschaftszweige, wie Sexarbeit und Drogenhandel, gedrängt wurden. Diese Menschen wurden für die Armut und Ungerechtigkeit verantwortlich gemacht, mit der sie konfrontiert waren. Hergestellt als ›Drogenhändlens‹, ›Sozialschmarotzens‹, ›Kriminelle‹ und ›Gangster‹ wurden sie gar benutzt, um zerstörerische Maßnahmen zu rechtfertigen, welche die Gewalt und das Leid weiter verstärken. Zur selben Zeit wurden armuts-assoziierte Handlungsweisen, wie Drogenkonsum, Schlafen im Freien, Graffiti und Sexarbeit in vielen Teilen der USA strafrechtlich strenger sanktioniert, und die Mittel für die Überwachung und Verfolgung dieser Formen von ›Verbrechen‹ erhöht.

Beispiel: In den 1990er Jahren begannen Staaten quer durch die USA sogenannte ›Drei-Verstöße-Regelungen‹ *(Three Strikes)* in Gesetze einzuarbeiten. Diese ordnen standardisierte, (oftmals lebens-)lange Urteile für Menschen an, die in drei Straftaten für schuldig befunden wurden. Vielerorts umfasst dies auch gewaltfreie Vergehen. Unter dem kalifornischen Gesetz führte dies zu Urteilen von teilweise mehr als 25 Jahren Haft für Menschen, die des Ladendiebstahls oder ähnlichen Vergehen als schuldig befunden worden sind. Die Popularität der »Drei-Verstöße-Gesetze« wurde durch eine zunehmende kulturelle Besessenheit von Kriminalität und deren Bestrafung angeheizt, welche sich auf Bilder von gewalttätigen und gefährlichen ›Berufsverbrechens‹ stützt. Gleichzeitig wurden durch diese Regelungen eine enorme Anzahl von Menschen mit niedrigem Einkommen und Personen of Color inhaftiert, für ein Verhalten, welches die direkte Folge wirtschaftlicher Unsicherheit ist.

Beispiel: Die 1996 unter Präsident Clinton implementierten ›Wohlfahrtsreformen‹ bestimmen, dass jede Person, die wegen einer drogenbezogenen Straftat verurteilt worden ist, automatisch lebenslang für jegliche Unterstützungen in Form von Geld und Lebensmittelmarken gesperrt ist. In einigen Staaten gilt dieses Verbot inzwischen nicht mehr. Für die Bewohnens von fünfzehn Staaten der USA schafft diese drakonische Maßnahme jedoch nach wie vor nahezu unüberwindbare Hindernisse auf dem Weg zur wirtschaftlichen Unabhängigkeit. In Verbindung mit Arbeitsdiskriminierung aufgrund der kriminellen Vorgeschichte, führt dies dazu, dass für Menschen mit drogenbezogenen Vorstrafen die Rückkehr in den Drogenhandel oftmals die einzige Möglichkeit darstellt, um genug zu verdienen, um sich Miete und Essen leisten zu können. Es hat sich gezeigt, dass diese lebenslange »Wohlfahrts-Sperre« insbesondere Frauen* und ihre Kinder schädigt.[13]

Angstmacherei

Rassistische, sogenannte ›fremden‹feindliche und sexistische Angst-Narrative wurden von der Regierung und den großen Medien genutzt, um von der zunehmenden wirtschaftlichen Ungleichheit und einer wachsenden Unterschicht in den USA und andernorts abzulenken. Sowohl der »Krieg gegen den Drogenhandel« aus den 1980er Jahren, als auch der »Krieg gegen den Terrorismus« der Bush-Regierung – beide dauern bis heute an – kreieren innere und äußere Feindens (›Kriminelle‹ und ›Terroristens‹), die von der verheerenden Zerstörung durch Rassismus, Kapitalis-

---

13 The Sentencing Project: Life Sentences: Denying Welfare Benefit to Women Convicted of Drug Offenses. https://www.opensocietyfoundations.org/publications/life-sentences-denying-welfare-benefits-women-convicted-drug-offenses. Zuerst erschienen auf der Homepage des Sentencing Projects. http://www.sentencingproject.org.

mus, Patriarchat und Imperialismus ablenken sollen und gleichzeitig für ebendiese verantwortlich gemacht werden. Zur Vergeltung können diese Feindens (und alle, die ›so‹ aussehen), zum Ziel für Gewalt und Mord erklärt werden. In dieser Zeit, in der die Regierung formelle Kriegserklärungen gegen all jene aussprach, die sie als ›Kriminelle‹, oder ›Terroristens‹ markierte, stiegen die Auslastung der Gefängnisse, Überwachung, Festnahmen und Inhaftierungen sprunghaft an.

Beispiel: In den 1980er Jahren erklärte die US-Regierung einen »Krieg gegen den Drogenhandel« und erhöhte die Mindeststrafe bei Verstößen gegen Betäubungsmittelgesetze drastisch. Es wurden zudem neue Verbote geschaffen, welche Menschen mit drogenbezogenen Vorstrafen den Zugang zu Sozialwohnungen, Sozialleistungen und Hochschulbildung verwehrten. Dies führte zu der Verurteilung, Inhaftierung und lebenslangen Ausgrenzung und Entrechtung von jährlich mehr als einer Million Menschen, sowie zu einer neuen Reihe militärischer und außenpolitischer Interventionsbegründungen der USA, um brutale Maßnahmen gegen Lateinamerika zu ergreifen.

Beispiel: Nach den Anschlägen vom 11. September 2001 auf das World Trade Center in New York, benutzten Politikens die Angst und Unsicherheit der us-amerikanischen Öffentlichkeit, um – als Teil eines erklärten »Krieges gegen den Terror« – eine Reihe neuer Gesetze und Richtlinien durchzusetzen. Gesetzgebungen, wie der USA PATRIOT Act, das Einwanderungs-Registrierungsgesetz *(Immigrant Registration Act)* und das Real-ID-Gesetz, sowie neue Verwaltungsrichtlinien und -praktiken stärkten den Überwachungsstaat, schränkten selbst die grundlegendsten Rechte und Lebensstandards von Einwanderns ein und erklärten die örtliche Polizei, Lehrens, Krankenhausangestellte und weitere Personengruppen zum verlängerten Arm der Einwanderungsbehörde.

Der Mythos, dass Gewalt von ›bösen‹ Einzelpersonen ausgeht

Gesetze zu Diskriminierung und ›Hassgewalt‹ ermutigen uns Unterdrückung als etwas zu verstehen, das von Einzelpersonen ausgeht, die – aufgrund rassistischer, genderistischer oder anderer diskriminierender Vorurteile – einer anderen Person einen Job verwehren, sie verprügeln oder töten. Solche Denkweisen, die Einzeltätens fokussieren,[14] lassen uns glauben, dass es bei Rassismus, Sexismus, Homo-, trans*- und BeHinderten-Feindlichkeit um das individuelle Verhalten geht und um böse Absichten – statt um weitreichende strukturelle Diskriminierungen, die oftmals ohne eindeutige Einzeltätens stattfinden und die zielgerichtet einzelnen Menschen Zugänge und Möglichkeiten verwehren. Die Gewalt, die durch das Einsperren von Millionen armer Menschen und Menschen of Color ausgeübt wird, kann durch die Suche nach einer bösen rassistischen Einzelperson nicht angemessen erklärt werden. Vielmehr ist es notwendig, das ganze Netz von Institutionen, Politiken und Praktiken zu untersuchen, welche das Verwahren, Vertreiben und Vernichten von armen Menschen und Menschen of Color als ›normal‹ und ›notwendig‹ herstellen. Wenn wir Gewalt und Unterdrückung als die Ausnahmetaten einiger verdorbener Einzelpersonen verstehen, verwehren wir uns der Möglichkeit, die gesellschaftlichen Bedingungen *systematisch* und *generationsübergreifend* zu analysieren und somit auf eine grundlegende Veränderung des Systems hinzuarbeiten. Dieses eng gedachte Verständnis von Unterdrückung wiederholt sich in Gesetzen, Politik, Medien und gemeinnützigen Strukturen.

---

14 Alan David Freeman: Legitimizing Racial Discrimination Through Antidiscrimination Law: A Critical Review of Supreme Court Doctrine. In: Minnesota Law Review Nr. 62: 1049, 1052 (1978).

Beispiel: Die sogenannten Megans-Gesetze verpflichten Menschen, die wegen Sexualstraftaten verurteilt worden sind, sich in ein öffentlich zugängliches Register einzutragen. Seit den 1990er Jahren wurden landesweit solche Gesetze erlassen – auch angespornt durch die öffentliche Empörung über sexualisierte Gewalt gegen Kinder prägte das Gesetz bald selbst die öffentliche Debatte. Studien gehen davon aus, dass einer von drei Menschen, die als Mädchen erzogen wurden und einer von sechs Menschen, die als Junge erzogen wurden, in der Kindheit sexualisierte Gewalt erlebt haben. Zurückzuführen ist dies auf generationsübergreifende Traumata, auf Entfremdung und auf gewaltvolle Normen, die gesellschaftlich und staatlich gebilligt und gestützt werden. Die Megans-Gesetze stellen keine umfassenden Programme bereit, um die Heilung von Überlebenden und die Transformation von Menschen, welche sexualisierte Gewalt ausgeübt haben, zu unterstützen; sie brechen auch nicht mit den Familien- und Gemeinschaftsnormen, die zu der weit verbreiteten sexualisierten Gewalt gegen Kinder beitragen. Stattdessen stellen diese Gesetze sicher, dass Menschen, die für sehr unterschiedliche Sexualstraftaten als schuldig befunden worden sind, selbst Gewalt ausgesetzt sind, keinen Arbeitsplatz oder keine Wohnung finden können und massiv eingeschränkt werden in ihren Möglichkeiten selbst Genesung und Heilung zu erlangen. Obwohl diese Gesetze kaum oder gar nicht als Abschreckung funktionieren, bleiben sie die ›offizielle‹ Antwort auf das strukturelle Problem von sexualisierter Gewalt gegen Kinder.[15]

Beispiel: Während wir dies schreiben (2009), wurde im US-Senat das Matthew Shepard und James Byrd Jr.-Gesetz »zur Verbesserung der lokalen Strafverfolgung« verabschiedet.[16] Mit Inkrafttreten sollen staatliche und lokale Strafverfolgungsbehörden zehn Millionen Dollar erhalten, der Einfluss der staatlichen Strafverfolgung von ›Hasskriminalität‹ soll ausgeweitet und die Todesstrafe als mögliche Bestrafung für Verurteilte eingeführt werden. Dieses Gesetz wird als Erfolg für trans* Menschen gewertet, da es im Bundesgesetz zu Hassverbrechen Gender-Identität als Kategorie berücksichtigt. Wie die Megan's-Gesetze lenkt dieses Gesetz und die damit verbundene öffentliche Fürsprache (auch von Seiten großer gemeinnütziger LSBT-Organisationen) die Auf-

---

15 Weitere Forschungsdokumentationen und Werkzeuge zur Beendigung von sexualisierter Gewalt gegen Kinder sind hier zu finden: generationFIVE: http://www.generationfive.org und Stop It Now!: https://www.stopitnow.org

16 Anm. d. Übers.: heute »Matthew Shepard und James Byrd Jr. Gesetz zur Prävention von Hassgewalt«

merksamkeit auf Einzelpersonen, welche Menschen aufgrund ihrer Identität töten. Diese Gesetze stellen die Gewalt gegen unsere Gemeinschaften als die Gewalt einiger ›hasserfüllter‹ Individuen dar. In Wirklichkeit wird die Lebenszeit von trans* Menschen verkürzt durch enorme strukturelle Gewalt in Sozialsystemen, Notunterkünften, Gefängnissen, Haftanstalten, Pflegefamilien und -einrichtungen, Jugendstrafsystemen, Migrationsprozessen sowie durch die Verhinderung des Zugangs zu grundlegenden überlebensnotwendigen Ressourcen, Infrastrukturen und Versorgung. Diese Gesetze verhindern unseren Tod nicht. Sie nutzen unseren Tod, um ein System auszuweiten, welches unsere Leben gefährdet und unsere Gemeinschaften erstickt.[17]

---

17 Eine Kritik an den Gesetzgebungen zu ›Hasskriminalität‹ findet sich bei Carolina Cordero Dyer: *The Passage of Hate Crimes Legislation – No Cause to Celebrate.* Online zu finden bei: INCITE! Women of Color Against Violence, März 2001: http://www.incite-national.org/news/_marchOlleditorial.html.; die Antwort von INCITE!-Denver und Denver zu der Antwort von Fire auf das Urteil in dem Angie Zapata Fall von 2009: http://www.leftturn. org/?q=node/1310.

Das Untergraben transformierender Zusammenschlüsse

In der zweiten Hälfte des 20. Jahrhunderts nahmen radikale und revolutionäre Zusammenschlüsse in unterdrückten Gemeinschaften in den USA und auf der ganzen Welt stark zu. Diese kraftvolle Vernetzung stellte eine erhebliche Bedrohung dar für die Legitimität der us-amerikanischen Vormachtstellung und im weiteren Sinne des kapitalistischen Imperiums und musste deshalb eingegrenzt und kontrolliert werden. Die radikalen und transformierenden Bewegungen wurden durch zwei Hauptstrategien untergraben: Erstens wurden die radikalen Bewegungen der 1960er und 1970er Jahre kriminalisiert. Um dies zu erreichen, setzte die us-amerikanische Regierung auf Taktiken wie Inhaftierung, Folter, Sabotage und Ermordung, um Gruppen wie die Black Panthers[18], American Indian Movement[19] und Young Lords[20] zu zerstören. Zweitens war das Wachstum des gemeinnützigen Sektors davon geprägt, dass sich soziale Bewegungen

18 Anm. d. Übers.: Eine 1966 gegründete Bürgens- und Menschenrechtsbewegung, entstanden aus Schwarzen Communitys.
19 Anm. d. Übers.: Eine 1968 gegründete Indigene amerikanische Bewegung.
20 Anm. d. Übers.: Eine 1968 gegründete Bürgens- und Menschenrechtsbewegung entstanden aus Latinx-Communitys.

professionalisierten, wohltätigen Spenden hinterherjagten, sich in scheinbar voneinander trennbare Anliegen aufteilten und sich zunehmend nach staatlichen Sozialsystemen und an Gesetzesreformen ausrichteten, statt nach den radikalen Ansätzen, die bei den Ursachen von Armut und Ungerechtigkeit ansetzen.[21] Diese Entwicklungen ließen wichtige Teile der radikalen Linken traumatisiert und geschwächt zurück: Eine Generation von revolutionären Menschen wurde ausgelöscht, die Bedeutung von Widerstand wurde von Revolution und Transformation zu Inklusion und Reform verschoben, staatliche und stiftungsgestützte Rechtsreformen und der Ausbau von Wohlfahrtseinrichtungen wurden über kollektive Kämpfe und direkte Aktionen gestellt.

Beispiel: Ein bezeichnendes Beispiel für den staatlichen Einsatz von Unterwanderung, Überwachung und Gewalt, um unverhohlen gegen abweichende Meinungen und Widerstand vorzugehen, findet sich in dem Counter-Intelligence Programm (COINTELPRO) des FBI.[22] Die Machenschaften von COINTELPRO wurden

---

21 Eine vertiefte Analyse des Wachstums und der Auswirkungen vom »Industriellen Komplex der Gemeinnützigkeit« findet sich im bahnbrechenden Sammelband von INCITE! Women of Color Against Violence: *The Revolution Will Not Be Funded: Beyond the Non-Profit Industrial Complex.* South End Press, 2007.

22 Anm. d. Übers.: Geheimes Programm des FBI. Das FBI ist die zentrale Sicherheitsbehörde der USA für Strafverfolgung und Inlandsge-

über die Offenlegung interner Regierungsdokumente publik. Diese enthielten detaillierte Beschreibungen von den ungeheuerlichen Anstrengungen der Regierung, die sich zum Ziel setzte, Widerstandsgruppen in den 1960er und 1970er Jahren zu zerstören. Obwohl das Programm unter diesem Namen aufgelöst wurde, wurden die verwendeten Taktiken fortgeführt. Sie finden sich wieder in aktuellen Debatten um Abhörpraktiken und Folter, sowie in dem USA PATRIOT Act[23]. Unverhohlene Maßnahmen zur Beseitigung von Widerstand und Widerspruch sind in den USA so alt, wie die europäische Kolonisierung Nordamerikas.[24]

---

heimdienst.

23 Anm. d. Übers.: Ein 2001 verabschiedetes Gesetz, welches im Zuge des sogenannten ›Krieges gegen den Terrorismus‹ eine Ausdehnung der Überwachung und Einschränkung der Bürgensrechte vorsieht.

24 Eine vertiefte Untersuchung des Angriff gegen radikale Bewegungen durch das FBI findet sich bei Ward Churchill und Jim Vander Wall: *The COINTELPRO Papers: Documents from the FBI's Secret Wa Against Domestic Dissent,* South End Press 1990; außerdem ist die Dokumentation vom Freedom Archive aus 2006 zu empfehlen: *Legacy of Torture: The War Against the Black Liberation Movement;* Informationen zu dem wichtigen Fall von San Francisco 8 sind online verfügbar unter http://www.freedomarchives.org/BPP/torture.html.

Beispiel: Jahrzehntelang organisierten sich Menschen in von Frauen*gefängnissen und Aktivistens von Außen, um gemeinsam die gezielte medizinische Unterversorgung, sexualisierte Gewalt und die Zerstörung von Familienverbindungen anzuprangern. In diesem Kontext schlug die kalifornische Gesetzgebung 2006 das Gesetz zum »Gendergerechten Strafvollzug«[25] vor. Dies soll Menschen in Frauen*gefängnissen ermöglichen, mit ihren Kindern zusammenzuleben und soziale Dienstleistungen in Anspruch zu nehmen. Zur Umsetzung dieses Plans forderte die Gesetzesvorlage die Investition mehrerer Millionen US-Dollar in den Bau neuer Gefängnisse. Die darin enthaltene Erzählung von einer »Verbesserung der Lebensbedingungen inhaftierter Frauen« und der Schaffung ›humanerer‹ Gefängnisse wird von Machthabens konsequent dafür verwendet, um uns von den grundlegend gewaltvollen Bedingungen eines kapitalistischen Polizeistaates abzulenken. Diese Rhetorik richtet sich an wohlmeinende Feministens, Fürsprechens und Gesetzgebens. Die in Oakland ansässige Organisation *Justice Now* (Gerechtigkeit Jetzt) und weitere gefängniskritische Organisationen solidarisieren sich mit den entscheidenden Positionen und Meinungen von Menschen in Frauen*gefängnissen. Sie

25 Anm. d. Übers.: Im Original: Gender Responsive Corrections

heben hervor, dass über die oben genannte Strategie über einen Hintereingang 4.500 neue Betten in kalifornischen Frauen*gefängnissen geschaffen werden sollen. Dies erweitert die Möglichkeiten der Kriminalisierung von armutsbetroffenen Frauen* und trans* Personen in einem Staat, der bereits davor mit die höchsten Inhaftierungszahlen der USA aufwies.[26]

Personenkult und Heldensnarrative

Die USA lieben ihre Heldens und die damit verbundenen Geschichten von Horatio Alger[27], vom »Tellerwäscher zum Millionär«, davon, »sich am eigenen Schopf aus dem Sumpf zu ziehen«, von »Straßen aus Gold«, vom »rauen Wegbereiter«[28], von dem »wohltätigen Menschenfreund« und von Obama als »Erlöser«, um nur einige zu nennen. Diese

26 Siehe hierzu den Essay von Cassandra Shaylor, einens dens Mitbegründens von *Justice Now*: Neither Kind Nor Gentle: The Perils of ›Gender Responsive Justice‹. In: Phil Scraton and Jude McCulloch: *The Violence of Incarceration,* Routledge 2008.

27 Anm. d. Übers.: Ein us-amerikanischer Autor des 19. Jahrhunderts, welcher vorwiegend Geschichten über den sozialen Aufstieg von hart arbeitenden jungen männlichen Menschen schrieb.

28 Anm. d. Übers.: meist in Bezug auf die Kolonisierung Nordamerikas.

Narrative verbergen, dass Reichtum, Ressourcen und Möglichkeiten ungleich auf verschiedene Personengruppen verteilt sind – sodass eben nicht *jede Person* alles erreichen kann, wenn sie nur wirklich will und hart dafür arbeitet. Insbesondere in der zweiten Hälfte des zwanzigsten Jahrhunderts hatte dieser individualisierende Personenkult massive Auswirkungen auf soziale Bewegungen, und darauf, wie wir Geschichte_n erzählen. Geschichten von kollektiven Kämpfen wurden zu Geschichten von Individuen, welche große Hindernisse überwunden haben. Verstärkt wurde dieser Wandel dadurch, dass der Non-Profit-Sektor ausgeweitet und zum Schlüssel für gesellschaftliche Veränderung wurde. Charismatische Einzelpersonen (meist in Führungspositionen, meist sehr privilegierte Menschen) fühlten sich dadurch ermutigt, soziale Kämpfe so zu gestalten, dass symbolischen Siegen, wie zum Beispiel wichtigen Gerichtsentscheidungen und sensationsgierigen Berichterstattungen, eine große Aufmerksamkeit eingeräumt wurde. Ignoriert wurde indes die (all)tägliche Arbeit, die zum Aufbau einer nachhaltigen Basis und für Bewegungen sozialen Wandels notwendig ist. Diese Entwicklung gefährdet zudem die Verantwortlichkeit und Erklärbarkeit, die Leitungspersonen und Organisationen gegenüber ihrer Interessensgemeinschaft haben und entwertet den basisnahen Aktivismus, der an akuten Fragen von Leben und Tod ansetzt.

Beispiel: Rosa Parks ist eine der bekanntesten Widerstandsfiguren der us-amerikanischen Bürgensrechtsbewegung der 1950er und 1960er Jahre. Ihrer wird insbesondere dafür gedacht, den Montgomery Bus Boykott »ausgelöst« zu haben und sie wird als »Wegbereiterin der Bürgensrechtsbewegung« bezeichnet.[29] Weit verbreitete Erzählungen besagen, dass Rosa Parks eine gewöhnliche Frau war, die eines Tages in einem »einsamen Akt des Widerstandes«[30] für sich entschied, ihren Sitzplatz nicht einer *w*eissen Person zu überlassen. Tatsächlich war Rosa Parks eine erfahrene Aktivistin der Bürgensrechtsbewegung. Sie besuchte Seminare in politischer Bildung und Trainings in zivilem Ungehorsam an der namhaften linken *Highlander Folk School*, welche bis heute existiert. Rosa Parks Weigerung den Platz aufzugeben, war weit entfernt davon, ein ›einsamer Akt‹ zu sein. Vielmehr war es Teil einer Reihe organisierter Aktionen des zivilen Ungehorsams, ausgeübt von führenden Personen der Bürgensrechtsbewegung, um gezielt die Segregation im öffentlichen Raum anzufechten. Die Bürgensrechtsbewegung dieser Zeit wurde ermöglicht durch die Arbeit und Größe unzähliger afrikanischer

29 Siehe: Academy of Achievement: https://achievement.org/achiever/rosa-parks/
30 Auch hier siehe: Academy of Achievement: https://achievement.org/achiever/rosa-parks/

versklavter Menschen der ›Neuen Welt‹, Afroamerikanens und ihren Verbündeten – Bestrebungen, deren Anfänge bis vor die Gründung der Vereinigten Staaten Amerikas zurückreichen und die nicht einer einzelnen Person zugesprochen werden können. Die Darstellung von kollektiven Kämpfen als individuelle Handlungen Einzelner verhindert ein tieferes Verständnis von Unterdrückung und verdeckt die Notwendigkeit eines breiten Widerstands.

Beispiel: Die medial aufbereiteten Schenkungen [der us-amerikanischen Moderatorin und Unternehmerin] Oprah [Winfrey][31], sowie eine Reihe von Fernsehsendungen mit »großen Gewinnen« wie »Make-Overs«, neuen Häusern und neuen Autos schaffen ein Bild von sozialem Wandel als einzelne Taten der ›Nächstenliebe‹, statt als konzentrierte Bestrebungen von einer Vielzahl gut organisierter Menschen, mit dem gemeinsamen Ziel Machtverhältnisse zu verändern. Diese Darstellungen halten die falsche Vorstellung aufrecht, dass wir in einer Leistungsgesellschaft leben, in der die harte Arbeit und Beharrlichkeit jedens Einzelnens der einzige Schlüssel zu Wohlstand und Erfolg sind. Solche Darstellungen

31 Online Artikel unter: CNNMoney.com: Oprah Car Winners Hit with Hefty Tax, http://money.cnn.com/2004/09/22/news/newsmakers/oprah_car_tax/index.htm

> verbergen die Realität rassistisch bedingter Wohlstandshierarchien und anderer gesellschaftlicher Verhältnisse, die Ungleichheiten erzeugen, aufrechterhalten und sicherstellen, dass die meisten Menschen, unabhängig von ihren individuellen Bemühungen, wirtschaftlich nicht auf- sondern absteigen. In Wirklichkeit geschah wahrer gesellschaftlicher Wandel, der Machtverhältnisse über den Lauf der Zeit veränderte, dann, wenn eine Vielzahl von Menschen zusammenkamen und auf ein gemeinsames Ziel hinwirkten.

Zusammen fungieren die oben beschriebenen Taktiken als Strategie der Konterrevolution – ein Versuch, die kollektive Gesundheit und den politischen Willen unterdrückter Menschen zu zermürben und die Unterstützung einzelner Personen über die Gewährung individueller Privilegien zu kaufen, sodass der Status quo aufrechterhalten bleibt. Dies ist ein zutiefst traumatischer Prozess, welcher den Jahrhunderte andauernden Schmerz, Verlust und Schaden von Personen of Color, Migrierens, queeren und trans* Menschen, Frauen* und weiteren als ›verwerfbar‹ markierten Menschen weiter vertiefte. Für viele von uns gehört zu diesem Trauma auch der Verlust unserer Leben und unserer Liebsten an die verheerende, von der Regierung mitgetragene HIV/AIDS-Pandemie und die kontinuierlichen Angriffe durch Familienangehörige, Nachbarens und Staatsmitarbeitens.

Vielleicht war eines der schmerzhaftesten Merkmale dieser Zeit die Spaltung unterdrückter Gemeinschaften und Bewegungen untereinander. Auch wenn sich unsere Gemeinschaften überschneiden und unsere Befreiungskämpfe grundlegend miteinander verwoben sind, so hat uns die Strategie vom »Teilen und Herrschen« der ›Neuen Weltordnung‹ gelehrt, unsere Identitäten und Kämpfe als getrennt und in Konkurrenz zueinander zu betrachten. Insbesondere ermöglichte diese Strategie die Aufrechterhaltung zerstörerischer Systeme und Bedingungen, durch die eine falsche Kluft geschaffen wurde zwischen vermeintlich getrennten (›*w*eißen‹) schwulen Themen und den Anliegen von (›heterosexuellen‹) Personen of Color, immigrierten Menschen und Arbeitens. Durch diese Trennung wurden tiefe Partnensschaften, die über Differenzen hinweg gemeinsam nach sozialer Transformation streben, verhindert. Die gesellschaftlich präsentesten und finanzstärksten Teile der LSBT-Bewegung verwickelten sich in diesem Kontext in Kämpfe für minimale Reformen, mit dem Ziel, vor dem Gesetz und in den Medien als ›gleich‹ und ›sichtbar‹ wahrgenommen und anerkannt zu werden – ohne dabei zu einer nachhaltigen Stärkung und Selbstbestimmung unterdrückter Gemeinschaften beizutragen. Statt für eine grundlegende Veränderung des Systems zu kämpfen, setzte sich das offizielle LSBT-Programm dafür ein, Teil des Systems zu werden und half als Gegenleistung sogar mit, andere unterdrückte Personen auf den ihnen zugewiesenen Plätzen zu halten.

Doch glücklicherweise ist dies nicht das Ende der Geschichte. Wie wir im Folgenden beschreiben, hat diese Zeit auch kraftvolle Strömungen radikaler queerer und trans* Politiken hervorgebracht, die sich an den Schnittstellen verschiedener Unterdrückungssysteme und Kämpfe organisieren und das Vermächtnis der revolutionären Freiheitskämpfens früherer Generationen aufleben lassen.[32]

---

32 Anm. d. Übers.: Konkrete aktuelle Beispiele grundlegend transformierender Projekte im deutschsprachigen Raum finden sich in dem Begleittext ab Seite 86.

II. Unser radikales Vermächtnis antreten

Trotz der gewaltigen und zerstörerischen Auswirkungen, die die neoliberale Globalisierung und die ›neue Weltordnung‹ mit ihren wiedererlangten Kräften auf unsere Gemeinschaften und sozialen Bewegungen hatten, gab und gibt es radikale Ansätze und Bewegungen, die die Ausbeutung herausfordern, auf der die gesamten USA basieren. Hervorgegangen sind diese Ansätze aus Communitys von Menschen of Color, Arbeitens und Migrierens, aus armen, queeren, beHinderten und feministischen Communitys ›kolonisierter‹ und ›kolonisierender‹ Nationen. Sie reichen von der Black Panther Partei in Oakland über die Zapatistas in Chiapas bis hin zum Audre Lorde Projekt in New York. Wie uns die Geschichte von Stonewall lehrt, begannen unsere Bewegungen nicht im Gerichtssaal, sondern auf der Straße! Diese radikalen Ansätze leiten die Strategien unserer Bewegungen ebenso, wie unsere alltäglichen Entscheidungen darüber, wie wir unser Leben leben und unsere Beziehungen gestalten. Sie weisen queeren Gemeinschaften und Bewegungen einen Ausweg aus den mörderischen Politiken, die sich – im Rahmen eines grundlegend ausschließenden und ungerechten Systems – als Einladung zu ›Inklusion‹ und

›Gleichberechtigung‹ tarnen. Manche dieser Räume der Transformation sind leichter zu finden als andere – doch sie sind überall: in Gemeindesälen und Hörsälen, in den Lektionen unserer Großeltern und den Lektionen, die wir lernen, um in dieser Welt zu überleben – im Kuba nach der Revolution und in New Orleans nach dem Hurrikan Katrina.

Dieses radikale Vermächtnis hat die Ausrichtung transformierender Zweige der queeren und trans* Bewegungen genährt und geleitet, deren Arbeit an den Schnittstellen von Identitäten und in den Kämpfen für die kollektive Befreiung verortet ist. Diese Bewegungen definierten neu, was zu queeren und trans* Anliegen, Niederlagen, Erfolgen und Strategien zählte – ins Zentrum ihrer Forderungen für geschlechtliche und sexuelle Selbstbestimmung rückten sie die Kämpfe gegen Polizei und Überwachung, gegen Inhaftierung, Grenzen, Globalisierung, Gewalt und wirtschaftliche Ausbeutung. Es gibt eine ständig wachsende Bewegung radikaler queerer und trans* Zusammenhänge, die alle bisher gültigen Spielregeln verändern und dabei die falsche Trennung zwischen Kämpfen um (implizit *w*eiße und bürgerliche) sexuelle und genderspezifische Gerechtigkeit auf der einen Seite und (implizit cis_heter@) Kämpfe um antirassistische und wirtschaftliche Gerechtigkeit auf der anderen Seite, zum Fallen bringen. Diese Bewegungen finden sich überall – du musst nur wissen, wo. In der folgenden Tabelle skizzieren wir einige spezifische Fäden dieses vielfältigen radikalen Vermächtnisses, welches den Weg für unsere Arbeit geebnet hat. In der ersten Spalte beleuchten wir einige Grundüberzeugungen, die aus diesen radikalen Strömungen entstanden sind. In der zweiten Spalte stellen wir verschiedene Organisationen vor, die sich heute an diesen Überzeugungen und Werten ausrichten.[33]

---

33 Wir sind uns bewusst, dass wir ausschließlich relativ gut finanzierte Organisationen und vor allem Organisationen in der Bay Area von San Francisco und in New York City erwähnen. Beides sind Hochburgen der radikalen Selbstorganisation und Orte, an denen sich beträchtliche Ressourcen bündeln. Es gibt hunderte weiterer Organisationen über das ganze Land und die Welt verteilt, welche wir hier nicht erwähnen und von denen wir nicht wissen. *Welche Organisationen und Räume kennst du, die diese radikalen Werte leben?*

RADIKALE ANSÄTZE	AKTUELLE BEISPIELE

Befreiung ist ein kollektiver Prozess!

Die gängigen hierarchischen Strukturen gemeinnütziger Organisationen sind ein relativ neues Phänomen und Unternehmensstrukturen nachempfunden. Radikale Organisationen haben oftmals kollektives Arbeiten bevorzugt, in denen das Gruppenbewusstsein, Konsens und Ganzheitlichkeit, statt Mehrheitsprinzip und individueller Führungsentscheidungen wertgeschätzt wird – insbesondere gilt dies für Organisationen, die feministisch und von Frauen of Color geleitet werden. Im besten Falle setzen kollektive Strukturen die Anliegen einiger weniger als Anliegen aller zentral. Wenn beispielsweise eine Person aus der Gruppe oder Gemeinschaft nicht an einem Treffen teilnehmen kann, weil das Gebäude mit einem Rollstuhl nicht erreichbar ist, ist dies ein Anlass für alle, um unsere Gesellschaft auf Barrieren und BeHinderungen zu prüfen und diese herauszufordern – statt dies als ›Problem‹ abzutun, welches nur Menschen betrifft, die einen Rollstuhl nutzen.

Als eine von vielen Organisationen, hat das *Sylvia Rivera Law Project (SRLP)*[34] gezeigt, wie kraftvoll kollektive Arbeit sein kann: Kollektiv verwaltet von angestellten Mitarbeitens und freiwilligen Unterstützens – mehrheitlich Personen of Color, trans* Menschen und Menschen, die Gender-Normen herausfordern – zeigt das SRLP der Welt, dass die Weise *wie* wir unsere Arbeit gestalten, ein wesentlicher Teil der Arbeit *ist* und dass die kollektive Gestaltung dieses Prozesses uns hilft, die Welt zu schaffen, auf die wir hinarbeiten.

---

34 Das Sylvia Rivera Law Project (Sylvia Rivera Rechtsprojekt) ist online zu finden unter https://srlp.org/.

RADIKALE ANSÄTZE	AKTUELLE BEISPIELE
Veränderung von ›unten‹ nach ›oben‹! Wir kennen das Szenario: Wenn die Menschen, die plötzlich über Macht verfügen, sagen, sie würden ›zurückkommen‹ für jene, die sich am Ende der sozialen und ökonomischen Hierarchie befinden, so wissen wir, dass dies niemals geschehen wird. Marginalisierung verstärkt sich, wenn einzelne ausgegrenzte Personen den Weg auf die andere Seite, in die Mitte der Gesellschaft schaffen, andere zurücklassen und dadurch den Status Quo weiter bestätigen. Innerhalb von LSBT-Politiken erleben wir immer und immer wieder schmerzhafte Beispiele: Das Nichtberücksichtigen von trans* Menschen und ihren Anliegen in der Erkämpfung eines Antidiskriminierungsgesetzes für Beschäftigte	Zwei großartige Vorbilder für Veränderungen von ›unten‹ nach ›oben‹ finden sich in den Projekten *Queers for Economic Justice*[35] in New York City und dem *Transgender, Gender Variant, and Intersex Justice Project*[36] in San Francisco: Indem sie die Belange queerer Personen im Sozialhilfebezug, in Heimen und Gefängnissen zentrieren, fordern sie soziale und ökonomische Gerechtigkeit für all jene Menschen mit den wenigsten Ressourcen und der niedrigsten Beteiligung an der Aufrechterhaltung dieser Systeme.

→

35 Queers for Economic Justice [Queers für ökonomische Gerechtigkeit] ist online zu finden unter www.queersforeconomicjustice.org.
36 Die Homepage des Projekts [Trans*, Gendervariant und Intersex Projekt für Gerechtigkeit] findet sich unter www.tgijp.org.

(Employment Non-Discrimination Act (ENDA)) und die Idee, dass die Homo-Ehe einen ersten Schritt für die Lösung einer gerechten Gesundheitsversorgung darstellt, sind nur einige Beispiele. Wir wissen, dass nur die Freiheit derjenigen, die in diesem System die meiste Unterdrückung erfahren, zu Freiheit und Gerechtigkeit von allen führt und dass wir am unteren Ende der Hierarchie anfangen müssen. Notwendige Veränderungen, um das materielle und seelische Leben einkommensschwacher queerer und trans* Menschen of Color im Alltag zu verbessern, würden automatisch umfassende Transformationen unserer Wirtschafts-, Bildungs-, Gesundheits- und Rechtssysteme umfassen. Alle profitieren davon, wenn wir diejenigen, die am wenigsten Ressourcen haben und die mehrfach diskriminiert werden, ins Zentrum unserer Analysen und unseres Aktivismus setzen.

Nimm dich in Acht vor offenen Türen!

Es ist ein wichtiges Grundprinzip, aus der Geschichte und von anderen Bewegungen zu lernen, die für soziale Gerechtigkeit kämpfen. Andere Bewegungen in anderen Zeiten wurden ihrer ursprünglichen Kraft und Sinnhaftigkeit beraubt und für gegenläufige Zwecke vereinnahmt – sei es durch Regierungen, die darauf hinwirken, Transformation zu verwässern oder auf Umwege zu leiten; oder sei es durch Unternehmen, die nach Wegen suchen, zivilen Ungehorsam zu einem modischen Accessoire zu verflachen (oder beides). Aus der Vergangenheit zu lernen, an welchen Stellen andere Bewegungen richtig und falsch gehandelt haben, hilft uns kreativ zu bleiben und weiter im Sinne unserer Gemeinschaften und Prinzipien zu handeln.

Ein ausgesprochen gutes Beispiel für dieses Bekenntnis ist die Gruppe *Critical Resistance*[37]. Mit dem Fokus auf die Abschaffung von Gefängnissen (statt deren Reform), prüft die Gruppe ihre eigenen Strategien und potentielle Angebote mit der Frage: »Werden wir das in 10 Jahren bereuen?« Bei dieser Frage geht es darum, eine langfristige Perspektive einzunehmen und alle potentiellen Chancen (z. B. jegliche Vorschläge Gefängnisse oder Strafgesetze zu ›verbessern‹ oder zu ›reformieren‹) an dem eigenen Bekenntnis zur Abschaffung – und nicht der Erweiterung oder auch nur Aufrechterhaltung – des industriellen Gefängniskomplexes [Prison Industrial Complex] zu prüfen. Der Merksatz lautet: Auch wenn es sich vielleicht gut anfühlt, zu einer Party eingeladen zu werden, so ist es doch weise zu fragen, was überhaupt gefeiert wird.

37 Das Projekt Critical Resistance [Kritischer Widerstand] ist zu finden unter http://www.criticalresistance.org.

Für uns, von uns!

Die Entscheidungen, die Lebenserfahrung und die Arbeit der Menschen, die von der Sache am meisten betroffen sind, sollte von Anfang an zentriert werden. Das ermöglicht denen, die am meisten von sozialer Gerechtigkeit profitieren würden, die Richtung und Form dieser Gerechtigkeit zu lenken und es gibt Verbündeten die Möglichkeit, diese Richtung direkt zu unterstützen.

Ein tolles Beispiel für die Arbeit nach diesem Prinzip findet sich bei *FIERCE!*[38] in New York City: *FIERCE!* hat queere und trans* Jugendliche of Color dazu ermächtigt Kampagnen durchzuführen, sich zu organisieren, Gentrifizierung und Polizeigewalt anzufechten. Dadurch ist *FIERCE!* zu einer kraftvollen Instanz geworden, in der sich junge Menschen of Color wiedererkennen. Sie sind direkt betroffen von den sich überschneidenden und intersektionalen Diskriminierungsverhältnissen Alter, Rassismus, Homofeindlichkeit und Trans*feindlichkeit. Sie selbst legen fest, welche Probleme, Prioritäten und Strategien sie fokussieren möchten – und nicht Menschen, die sich ihre Expertise zu diesen Themen über Bildungsabschlüsse oder andere Kriterien angeeignet haben. Die Rolle der Menschen, die nicht direkt von diesen Belangen betroffen sind, ist, die jungen Menschen in der Umsetzung ihrer Visionen zu unterstützen – und nicht die politischen Möglichkeiten zu kontrollieren, welche die jungen Menschen für sich erschaffen.

38 FIERCE! findet sich hier: http://www.fiercenyc.org.

Lasst uns leben was wir lehren!

Dieses Ideal der ›Praxis‹ strebt danach, das *Was, Warum und Wie* unseres Tuns miteinander in Einklang zu bringen. Das gilt nicht nur für unsere offizielle Arbeit, sondern auch für unser tägliches Leben. Dieses Ideal wirkt über die Kampagnenziele oder Strategien unserer Organisationen hinaus und umfasst, wie sie aufgebaut sind und wie wir miteinander und mit uns selbst umgehen. Wenn wir davon ausgehen, dass Menschen of Color den größten Gewinn aus der Beendigung von Rassismus ziehen, dann sollten wir – in den Kämpfen zur Aufkündigung *w*eißer Vorherrschaft, ökonomischer Ungerechtigkeit und dem Ende des Wohlstandsgefälles – die Entscheidungsmacht durch Personen of Color unterstützen und ermutigen. In unseren Organisationen sollen Menschen gleiche Bezahlung erhalten – unabhängig von ihren Bildungsabschlüssen – und die Arbeitsbedingungen und Sozialleistungen sollen fair und großzügig sein. Wenn wir auf eine Welt hinarbeiten, in der wir die Zeit und Ressourcen haben, um auf uns selbst ebenso wie auf unsere Freundens, Familie, Nachbarens zu achten, so sollten wir vielleicht nicht 60 Stunden die Woche arbeiten.

Vorgelebt wird dieses Ideal zum Beispiel von den *Southernes on new Ground (SONG)*[39] in Atlanta. *SONG* strebt danach, Heilung, Spiritualität und Kreativität als Teil ihrer Arbeit zu leben. Sie organisieren sich quer durch verschiedene Positionierungen innerhalb der Machtverhältnisse Rassismus, Klassismus, Genderismus und Sexualität, um neue (und alte!) Formen von Gemeinschaft zu gestalten, die unsere Bestrebungen für Befreiung widerspiegeln. SONG und andere Gruppen zeigen auf, dass gesellschaftliche Unterdrückung traumatisch ist und das dieses Trauma adressiert, anerkannt und bearbeitet werden muss – sowohl von Einzelpersonen, als auch von Gruppen von Menschen. Wenn Trauma ignoriert oder unter den Teppich gekehrt wird, kommt es als Ablehnung, Chaos und Spaltung zurück. Wir alle sind ganze Wesen und komplexe Menschen, die eine Menge Gewalt er- und überlebten, um an den Punkt zu kommen, an dem wir heute sind. Die Weise, wie wir arbeiten, muss sowohl uns in unserer Ganzheitlichkeit, als auch die Welt, in der wir leben wollen, widerspiegeln.

---

39 Die Homepage von Southerners on New Ground [Südstaatlens auf neuem Boden] ist zu finden unter https://southernersonnewground.org/.

Wahre Sicherheit bedeutet kollektive Transformation!

Unterdrückte Communitys haben schon schon immer Wege gefunden, um mit Gewalt und Leid umzugehen, ohne sich dabei auf Polizei, Gefängnisse und Einwanderungsbehörden zu stützen oder Personen auszuschließen. Denn sie wissen, dass sie dies in größere Gefahr bringen würde. Unterdrückten Menschen ist oft bewusst, dass diese Instanzen die Hauptursache der täglichen Gewalt darstellen – da sie grundsätzlich verwickelt sind in Vergewaltigungen, Misshandlung, Ermordung und Ausbeutung. Das Strafsystem hat versucht uns davon zu überzeugen, dass wir nicht wissen, wie wir unsere eigenen Probleme lösen können und dass der einzige Weg um uns sicher zu fühlen und unsere Traumata zu heilen darin läge, Menschen wegzusperren und mehr Polizeikräfte auf den Straßen Gruppen wie *Creative Interventions* und *generationFIVE* in Oakland, Kalifornien, *Communities Against Rape and Abuse* in Seattle und das Kollektiv *Safe OUTside the System (SOS)* vom *Audre Lorde Project*[40] haben spannende Wege gebahnt und aufgezeigt, um Menschen, die Gewalt erfahren und zugefügt haben, ebenso wie die gesellschaftlichen Bedingungen, die die Gewalt von Generation zu Generation weitergeben, in ihrer Heilung und Transformation zu unterstützen. Gewalt berührt jede queere und trans* Person direkt oder indirekt. Deshalb liegt in der Gestaltung heilender und transformierender (statt unterdrückender, beschämender oder traumatisierender) Wege,

→

40 *Creative Interventions* [Kreative Interventionen] findet sich unter https://www.creative-interventions.org; *generationFIVE* unter www.generationfive.org, *Communities Against Rape and Abuse* [Gemeinschaften Gegen Vergewaltigung und Missbrauch] unter https://cara-seattle.blogspot.com/ und das *Safe OUTside the System* Kollektiv [Sicher außerhalb des Systems] des Audre Lorde Projekts unter http://www.alp.org.

zu haben. Leider fehlt es uns oft an anderen Möglichkeiten. Viele Organisationen und Gruppen arbeiteten und arbeiten daran, generationsübergreifende Formen der häuslichen Gewalt, sexualisierten Gewalt, Hassgewalt und Polizeigewalt zu unterbrechen, ohne sich dabei auf die Institutionen zu stützen, die es auf uns abgesehen haben, uns in Einrichtungen sperren, umbringen und beschämen.

um Gewalt zu begegnen, eine einzigartige Möglichkeit, unser radikales Vermächtnis anzutreten. Wir können nicht länger erlauben, dass unsere Tode als Rechtfertigung herhalten für das Sterben so vieler weiterer Menschen aufgrund von Überwachung, Verfolgung, Inhaftierung und Gewahrsam. Menschen einzusperren, mehr Polizeipräsenz und die Ausgrenzung von Menschen vermögen es niemals, die Wunden von Gewalt und Trauma zu heilen.[41]

41 Beispiele für LSBTQ-spezifische Organisationen, die communityzentrierte Strategien zum Umgang mit Gewalt gestalten, finden sich beim *Safe Outside the System* [Sicher außerhalb des Systems] Kollektivs des Audre Lorde Projekts in Brooklyn unter http://www.alp.org, dem *Northwest Network of BTLG Survivors of Abuse* in Seattle [Das Nordwestliche Netzwerk von queeren Überlebenden sexualisierter Gewalt] unter https://www.nwnetwork.org/ und bei *Community United Against Violence (CUAV)* [Community-Zusammenhalt gegen Gewalt] in San Francisco unter https://www.cuav.org/.

Den Fallen ausweichen und Inhaftierungen von trans* Menschen beenden

Obwohl Inhaftierungszahlen steigen und Sicherheitsnetze zunehmend aufgelöst werden, gibt es in den letzten Jahrzehnten immer mehr Mobilisierung und Aktivismus, um Überwachung, Verfolgung und Inhaftierung von trans* und gender-nichtkonformen Communitys einzudämmen.[42] Heute gibt es ein wesentlich höheres Bewusstsein über die Dynamiken von trans* Inhaftierungen, sowohl bei Individuen, als auch in Organisationen – zurückzuführen ist das auf öffentlich viel beachtete Gerichtsverfahren, menschenrechtliche und mediale Dokumentationen, Konferenzen und Trainings, verschiedene Selbstorganisationen und Bemühungen zur Schaffung von Bündnissen. Teilweise fiel diese

42 Besonders bemerkenswert war das *Transforming Justice*-Treffen [Transformierende Gerechtigkeit], welches im Oktober 2007 in San Francisco stattfand. Es kamen über zweihundert LSBTQ-Personen und unterstützende Menschen, alles ehemals inhaftierte Personen, Aktivistens und Anwältens zusammen, mit dem Ziel, eine gemeinsame Analyse der Kreisläufe von Armut, Kriminalisierung und Inhaftierung von trans* Menschen, sowie eine gemeinsame Strategie für die Zukunft zu entwickeln. Im nationalen *Transforming Justice*-Zusammenschluss kamen jahrelange Erfahrungen unermüdlicher und oftmals unbemerkter Arbeit von inhaftierten und ehemals inhaftierten Menschen und Verbündeten zusammen. Weitere Informationen sind hier zu finden: https://transformingjustice.org/.

Arbeit den zu Beginn genannten Fallen der ›Neuen Weltordnung‹ zum Opfer; an anderen Stellen entstanden daraus mutige neue Wege zur Umsetzung von Transformation und Widerstand – ganz im Sinne der radikalen Werte, die auch wir verfolgen. Themen, die lange Zeit sowohl auf der Tagesordnung der LSBT- und der Gefangenen-Rechtsbewegungen komplett ausradiert, oder an den Rand gedrängt wurden, bekommen zunehmend mehr Aufmerksamkeit und aktivistischen Zulauf. Wir verstehen dies als eine immense Möglichkeit zu entscheiden, welches Vermächtnis und welches Vorgehen wir für die vor uns liegende Arbeit wollen. Dabei geht es nicht darum, sich gegenseitig die Schuld zuzuweisen und mit dem Finger darauf zu zeigen, welche Art von Aktivismus nun radikal sei und welche unterdrückend. Vielmehr geht es darum, aufbauend auf unseren kollektiven Erfolgen, Verlusten und Widersprüchen, eine Arbeit zu leisten, die (uns alle) und die Gesellschaft, wie wir sie kennen, grundlegend transformiert.

Im Folgenden finden sich ein paar hilfreiche Lektionen, die den oben genannten Werten folgen und die in der kraftvollen Verschränkung radikaler Gefängniskritik und Gendergerechtigkeit entwickelt wurden.[43]

---

43 Ein detaillierterer Bericht über die ethischen Grundlagen unserer täglichen Praxis und der Art, wie wir uns organisieren, findet sich in der Stellungnahme der *Transforming Justice Coalition* [Koalition zur transformierenden Gerechtigkeit] »How We Do Our Work« [Wie wir

1. Wir verweigern uns der Herstellung von ›schuldigen‹ und ›unschuldigen‹ Opfern[44]

Während uns bewusst ist, dass trans* Menschen und gender-nichtkonforme Menschen in Gefängnissen, Untersuchungshaft und Gewahrsam ungeheuerliche und oftmals spezifische Gewalt erleben – einschließlich sexualisierter Gewalt, Vergewaltigung, medizinischer Unterversorgung und Diskriminierung, sowie Erniedrigungen aufgrund trans*feindlicher Normen – so wissen wir auch, dass *alle* Menschen, die sich im Gefängnissystem befinden, schwerwiegender Gewalt ausgesetzt sind. Statt davon zu sprechen, dass trans* Menschen im Gefängnis ›am meisten‹ unterdrückt werden, können wir über die verschiedenen Formen von Gewalt sprechen, denen Menschen im industriellen Gefängniskomplex[45] ausgesetzt sind und darüber, wie diese Formen von Gewalt die allgemeine Annahme aufrechterhalten, dass die ›wirklich schlechten Menschen‹ – die vergewaltigen, morden, ›Kinder schänden‹, oder (nun

---

unsere Arbeit machen], welche über das *TGI Justice* Projekt angefordert werden kann: http://www.tgijp.org.

44 Diese beiden Lektionen wurden maßgeblich und kraftvoll durch die Organisationen *Critical Resistance* [Kritischer Widerstand] und *Justice Now* [Gerechtigkeit Jetzt] aus Oakland, Kalifornien, artikuliert und verbreitet.

45 Anm. d. Übers.: Im Original: Prison Industrial Complex (PIC).

auch) ›Hassverbrechen‹ begehen – weggesperrt werden müssen. Wenn wir versuchen, die konkreten Wirkweisen zu verstehen, die dazu führen, dass bestimmte Communitys spezifischen Formen von Gewalt durch Polizei und in Gewahrsam ausgesetzt sind, bilden wir die Grundlage für eine Solidarität, die sich auf die geteilten *und unterschiedlichen* Erfahrungen mit diesen Mächten bezieht und können wirksamen Widerstand aufbauen, der diese Probleme an den Wurzeln packt. Argumentationen, die darauf bauen, trans* Menschen als ›unschuldige Opfer‹ zu zeichnen, während andere Gefangene als gefährlich und zu Recht inhaftiert dargestellt werden, schwächen Strategien des kollektiven Widerstandes, in denen Gefängnisse als Systeme verstanden werden, die für alle Menschen gewaltvoll und gefährlich sind, die damit in Berührung kommen.

Wir wissen, dass die Antwort auf die grundlegenden Ursachen, weshalb wir Gewalt ausgesetzt sind, oder warum Queer- und Trans* Diskriminierung so allgegenwärtig ist, nicht im Drängen auf Gesetze zur höheren Bestrafung von ›Hassverbrechen‹ liegen kann. Individualisierende Lösungen, wie Hassverbrechens-Gesetze, schaffen eine falsche Dichotomie von ›Tätens‹ und ›Opfens‹ oder von ›guten‹ und ›schlechten‹ Menschen, ohne die zugrundeliegenden systemischen Probleme zu adressieren. Dadurch verstärken sie oftmals das Problem selbst. Entgegen dieser allgemeinen Annahme wissen wir, dass Rassismus, Staatsgewalt und Kapitalismus die eigentlichen Ursachen für Gewalt in unserer Gesellschaft sind und nicht die diskriminierenden Individuen oder die einzelnen Gefängniswärtens. *Wir müssen diesen ewigen Kreislauf durchbrechen, in dem unterdrückte Menschen gegeneinander ausgespielt werden.*

2. Wir unterstützen Strategien, die unterdrückende Institutionen schwächen und nicht stärken

Wir können hier und heute den aktuellen Herausforderungen unserer Communitys begegnen, ohne langfristige Kompromisse einzugehen, die die Institutionen stärken, die uns Leid zufügen. Während die schreckliche Gewalt gegen trans* und gender-nichtkonforme Menschen in Gefängnissen, Untersuchungshaft und Gewahrsam zunehmend öffentliche Aufmerksamkeit erlangt, schlagen einige Forschens und Verfechtens der Rechte Gefangener sowie von trans* und queeren Rechten vor, dass der Bau von trans*spezifischen Gefängnissen und Anstalten die einzige kurzfristige Lösung ist, um trans* und gender-nichtkonforme Menschen in der Haft zu schützen. Wir lehnen jegliche Ansätze ab, die besagen, dass der industrielle Gefängniskomplex ausgebaut werden muss, um auf die unmittelbaren Zustände der Gewalt zu reagieren. Dies gilt insbesondere jetzt, wo es zu einer gefährlichen Beliebtheit von ›genderspezifischen Lösungen‹ bei Gesetzgebens und Anwältens gekommen ist. Mehr Geld in Gefängnisbauten jeglicher Art zu investieren, stärkt den tödlichen Zugriff des industriellen Gefängniskomplexes auf unsere Communitys. Wir wissen: Was sie bauen, werden sie füllen und trans* Menschen aus Gefängnissen zu befreien, ist die einzige sinnvolle Antwort auf die Frage, wo trans* Menschen sicher sein können. *Wir wünschen uns Strategien, die den Strom des Geldes und der Menschen, der in Gefängnisse fließt, verringern und letztlich zum versiegen bringen und sich gleichzeitig der unmittelbaren Heilung und (Rechts-)Hilfe individueller Gefangener zuwenden.*

3. Wir müssen ausbeutende Dynamiken in unserer eigenen Arbeit transformieren

Viele unterdrückte Menschen werden gesellschaftlich hypersexualisiert. Sie werden als Bedrohung, als Fetisch, als Karikatur hergestellt. Dies betrifft trans* Frauen, Schwarze Männer*, asiatische Frauen* und Indigene Frauen* der pazifischen Inseln, sowie viele weitere Menschen. Häufig baut auch ein Großteil der »öffentlichen Aufklärung« zu Lebensbedingungen von trans* und gender-nichtkonformen Menschen in Gefängnissen auf Sexualisierung, Voyeurismus, Sensationsgier und Fetischisierung auf – meist aus der gut gemeinten Intention, Aufmerksamkeit für das Thema zu erregen. Generell werden dabei bildhafte Beschreibungen der jeweiligen Körperlichkeit fokussiert (insbesondere der Genitalien), sowie die erlebte sexuelle Gewalt und Erniedrigung. Inhaftierte (welche meist als Schwarz dargestellt werden) und trans* Menschen (welche in diesem Kontext meist als trans* Frauen of Color dargestellt werden) sind schon lange betroffen von voyeuristischen Repräsentationen – sei es in Porno-Filmen, die Vergewaltigungen in Gefängnissen glorifizieren, bis hin zu fetischisierenden ›Menschenrechts‹-Studien, die sich an ein vorwiegend *weißes*, bürgerliches Publikum richten. Als trans* Menschen, deren Körper oft als ›Gegenstand des öffentlichen Interesses‹ verhandelt werden – durch cis Menschen, die sich dazu berechtigt fühlen uns zu (be- und hinter)fragen, anzustarren und über uns zu reden – wissen wir, dass dies eine gefährliche Tendenz ist, welche die Integrität unserer Arbeit und die möglichen Beziehungen und Verbindungen, die wir eingehen können, ernsthaft gefährdet. Wenn wir diese ausbeuterische Machtdynamiken in unserem Aktivismus nicht adressieren, werden auch unsere noch so ›gut gemeinten‹ Strategien und Bewegungen, die im industriellen Gefängniskomplex verhafteten Normen transfeindlicher, misogyner und rassistischer sexualisierter Gewalt reproduzieren. *Forschung, Medien, Kulturarbeit und Aktivismus zu diesem Thema müssen sich den Interessen von einkommensschwachen trans* Menschen und trans* Menschen of Color, sowie deren Organisationen, verschreiben und unter ihrer Anleitung stattfinden.*

4. Wir verstehen die Abschaffung der Inhaftierung von trans* Menschen als Teil eines größeren Kampfes

Die Gewalt gegen trans* Menschen – und insbesondere gegen einkommensschwache trans* Menschen of Color – in Gefängnissen, Untersuchungshaft und Gewahrsam, sowie die Kreisläufe von Armut und Kriminalisierung, die zur Inhaftierung von so vielen von uns führen, sind ein zentraler Ausgangspunkt, um sich für eine breit angelegte soziale und politische Transformation einzusetzen. Es gibt kein Szenario, in dem trans* Menschen jemals in Gefängnissen ›sicher‹ sein könnten, solange Gefängnisse überhaupt existieren, und, wie dens Gelehrtens Fred Morton schrieb: solange wir in einer Gesellschaft leben, in der

Gefängnisse überhaupt *möglich sind.* Eine grundlegend transformierende trans* queere Bewegung zu schaffen, bedeutet, Handlungsmöglichkeiten für die Menschen aufzubauen, die mehreren Unterdrückungssystemen ausgesetzt sind, um so eine Welt jenseits der massenhaften Zerstörung, Gewalt und Ungleichheit, die in und zwischen Gemeinschaften wütet, zu imaginieren. Wir dürfen uns nicht zur kurzfristigen Krisenbewältigung in verschiedene ›Themen‹ und ›Prioritäten‹ aufspalten lassen, und damit unsere größeren politischen Visionen und Möglichkeiten aufgeben. Die Logik der Aufspaltung erlaubt es vielen *w*eißen und bürgerlichen schwuLesBischen Menschen, die ›Ehe für alle‹ als *das wichtigste und dringlichste LSBT-Anliegen zu verstehen – ohne Einsatz für das wahre Ziel, das in der Beendigung von Rassismus und Kapitalismus liegt.* Der Kampf gegen die Inhaftierung von trans* Menschen ist einer von vielen zentralen Ausgangspunkten, um queere und trans* Politiken zu radikalisieren, Anti-Gefängnis-Politiken zu erweitern und Teil zu werden einer größeren Bewegung, die sich für radikale, ökonomische, genderbezogene und soziale Gerechtigkeit einsetzt und für die Beendigung aller Formen von Militarisierung, Kriminialisierung und Kriegsführung.

III. Glaubt ihr also, wir sind unmöglich?

Es stimmt, das sind harte Themen. Unsere Communitys sind mit enormen Widrigkeiten konfrontiert und haben erhebliche Traumata erlebt, mit denen wir umzugehen suchen. Eine häufige und nachvollziehbare Antwort auf diese Umstände ist es, überwältigt zu sein, sich geschlagen zu geben, die Hoffnung zu verlieren. In diesem emotionalen und politischen Klima wird unser Ruf nach einer grundlegenden Veränderung, wie die Abschaffung von Gefängnissen (oder gar eine LSBT-Politik, die diese Abschaffung *als grundlegend für jeden weiteren Aktivismus versteht)*, als ›unmöglich‹, ›idealistisch‹, oder sogar als ›spaltend‹ verworfen. Als trans* Menschen hören wir dies schon seit Ewigkeiten. Schließlich sagen unsere Rechtssysteme, die Medien, die Wissenschaft, viele unserer Familien und Religionen, dass wir nicht existieren (sollten)! Unsere Formen zu leben und uns auszudrücken, brechen so viele grundlegende Regeln, dass Systeme vor unseren Füßen zusammenbrechen, ihre Türen vor uns verschließen und versuchen, uns auszulöschen. Und doch existieren wir. Und wir werden nicht müde, neue Verständnisse von Gender, Körper, Familie, Begehren, Widerstand und Glück zu finden und zu erhalten –

Verständnisse, die uns nähren und gesellschaftliche Erwartungen infrage stellen. In einer Zeit, in der jährlich tausende von Menschen ›im Namen der Demokratie‹ ermordet werden, Millionen von Menschen zum ›Schutz der öffentlichen Sicherheit‹ eingesperrt sind und auf Pride Paraden LSBT-Organisationen Hand in Hand mit der Polizei marschieren, ist Unmöglich-Sein vielleicht das Beste, was wir für uns tun können. *Es kann gut sein, dass Unmöglichkeit unsere einzige Möglichkeit ist.* Wie wäre es, die Unmöglichkeit unserer Lebens- und Seinsweisen und unserer politischen Visionen zu *umarmen*, statt vor ihr *zurückzuschrecken*? Wie wäre es, nach einer Zukunft zu streben, die wir nicht mal imaginieren können und von der uns gesagt wird, sie könne niemals existieren? Wir verstehen die Abschaffung von Überwachung, Polizei, Gefängnissen, Haft und Gewahrsam nicht ausschließlich als Antwort auf Inhaftierung und die Gewalt in Gefängnissen. Vielmehr rütteln wir damit an den Grundfesten von Armut, Gewalt, Rassismus, Entfremdung und Abspaltung, mit denen wir jeden Tag konfrontiert sind. Bei radikalen Transformationen [Orig.: Abolition] geht es nicht nur darum, sich gewaltvollen Institutionen zu verschließen. Es geht auch darum, Institutionen, Praktiken und Bezüge zu schaffen und wiederzufinden, die Ganzheitlichkeit, Selbstbestimmung und Transformation nähren. Radikale Transformation liegt nicht in einer fernen Zukunft. Vielmehr ist es etwas, das wir in jedem Moment aktiv gestalten, wenn wir »nein« sagen zu den Fallen der ›Neuen Weltordnung‹ und »ja« sagen zu den produktiven Möglichkeiten erträumt und praktiziert von denen, die vor uns kamen und unseren Wegbegleitens wurden und werden. Wir schaffen radikale Transformation, in jedem Moment, in dem wir auf positive unterstützende Gesundheitsversorgung für alle, auf eine sichere und qualitativ hochwertige Bildung, auf sinnvolle und sichere Arbeitsbedingungen, auf liebende und heilende Beziehungen und auf unser ganzheitliches volles Sein bestehen. Radikale Transformation bedeutet Unterdrückendes niederzureißen und Nährendes aufzubauen. Das ist unsere Vision transformierender Praxis: im hier und jetzt und auf alle Ewigkeit. Vielleicht ist das Ringen mit einer so grundlegenden Forderung der notwendige Weckruf für eine immer schläfrigere LSBT-Bewegung. Das wahre Potential von queeren und trans* Politiken kann nicht darin liegen, unser fragiles Recht dadurch zu stärken, dass wir das Existenzrecht anderer untergraben. Wenn es bis jetzt nicht klar wurde: Wir können nur gemeinsam Transformation leben. Dem Vermächtnis dieser wunderschönen Unmöglichkeit gerecht zu werden, bedeutet, Wege des Miteinanders zu leben und Bewegungen zu schaffen, die alles Lebendige auf diesem Planeten erhalten – ausnahmslos. Es bedeutet, damit anzufangen auszusprechen, wofür uns bisher sogar zum Wünschen die Worte fehlten.

Über_tragung des Manifests auf Aktivismus im deutschsprachigen Raum – eine lange Fußnote

Dieser Text ist eine Ergänzung zum Manifest für den deutschsprachigen Raum. Aktivistisch positioniert in genderfreien, queer-feministischen*, beHindert-ver_Rückten, intersektionalen Politiken und als Privilegierte aktiv gegen Rassismus, Nationalismus, Armut und Naturausbeutung, versuchen wir hier Inspirationen und Ideen zu teilen zu der Frage des Manifests: *»Welche Organisation und Räume findest du, die diese radikalen Werte leben?«*

Das Manifest lädt dazu ein, selbst nach radikalen kollektiven Ansätzen im eigenen Umfeld zu suchen. Eine Momentaufnahme unserer Ideen und Recherchen teilen wir in diesem ergänzenden Text. Er ersetzt in keiner Weise das Manifest, sondern ist eine Sammlung von Beispielen für einerseits die konkreten unterdrückenden Strategien und andererseits die aktivistischen diskriminierungskritischen Umsetzungen auf den deutschsprachigen Kontext. Zur besseren Auffindbarkeit und um die Möglichkeit des parallelen Lesens zu eröffnen, greifen wir für die deutschsprachigen Beispiele die im Manifest verwendete Struktur wieder auf.

Um eine Anwendbarkeit des us-amerikanisch fokussierten Manifests auf den deutschsprachigen Raum zu geben, benennen wir in Teil 1 konkrete regionale Beispiele für die unterdrückenden Strategien. Die Beispiele stammen insbesondere aus dem medialen und politischen Bereich und zeigen kapitalistische, nationalistische und globale, genderistische, rassistische, beHindernde und psychistische Hierarchien und Ausschlüsse auf. In Teil 2 folgen Beispiele für radikal-transformierende Bewegungen aus dem aktivistischen Kontext, die unterschiedlich und mit verschiedenen Schwerpunktsetzungen in ebendiese intersektionalen Diskriminierungsstrukturen intervenieren.

Teil 1: Sechs unterdrückenden Strategien der ›neuen Weltordnung‹: Beispiele aus dem deutschsprachigen Raum

»Zieh dich [mal wieder] am eigenen Schopf aus dem Sumpf«

- Hartz IV
  Hartz IV kriminalisiert und kontrolliert armutsbetroffene Menschen, indem Arbeitslosengeld und Sozialhilfe an eine Reihe von Restriktionen, Kürzungen und Strafen geknüpft werden; es macht Menschen obdachlos und isoliert sie, u. a. über erzwungene Wohnungs- und Wohnortswechsel; Hartz IV berücksichtigt unterschiedliche Lebenslagen, individuelle Möglichkeiten und Lebenssituationen sowie die Auswirkungen struktureller Gewaltverhältnisse, wie BeHindert-Werden, Migratismus usw. nicht systematisch; es verstärkt auf diese Weise Diskriminierung und die ungerechte Verteilung von Wohlstand.

- Ausbeutung von Wanderarbeitens/Saisonarbeitens
  Das Konzept der Saisonarbeit schafft gesellschaftliche Segregation und eine immense Abhängigkeit von Ar-

beitgebens; Saison- und Wanderarbeit ist in der Regel Arbeit ohne soziale Bezüge und zu einem Mindestlohn, von dem durch die Arbeitsgebens nahezu unbegrenzte Abzüge vorgenommen werden können für Unterkunft, Verpflegung, Transport von der Unterkunft zum Arbeitsplatz, Vermittlungspauschalen, sowie Hin- und Rückreise; diese Form der Arbeit verunmöglicht durch ihre zeitliche Befristung, die schwierigen Arbeitsverhältnisse und den häufig prekären Aufenthaltsstatus eine gewerkschaftliche Organisierung; es gibt keine Informationen über Arbeitnehmensrechte; durch Arbeiten auf Werkvertragsbasis entbinden sich die Firmen der Verantwortung und sind bei Verstößen arbeitsrechtlich nur schwer zu belangen. Zudem ist die Beweglichkeit der Arbeitnehmens zumeist eingeschränkt und der Zugang zu unabhängiger medizinischer Versorgung verunmöglicht.

- **Verhinderung und politische Verzögerungen eines Lieferketten-Gesetzes**
  Aushebelung internationaler sozialer und ökologischer Verantwortungsübernahme von Wirtschaftsunternehmen durch eine Verhinderung von internationalen Gesetzen, die alle Menschen, die an Produktionsprozessen beteiligt sind (Lieferketten) schützen, und die eine umfänglichere Verantwortung für Arbeitsbedingungen und Umweltschutzauflagen international ermöglichen würden.

»Sündenbock-Denken«

– **Asyl- und Migrationsverfahren**
  Kriminalisierung von Menschen im Asyl- und Migrationsverfahren durch u. a. die Verzögerung oder Nicht-Erteilung einer Arbeitserlaubnis, Nicht-Anerkennen von Berufsabschlüssen, sozial isolierte Unterbringungen ohne Möglichkeit zu gesellschaftlicher Teilhabe; teilweise eingeschränkte Möglichkeiten zur Teilnahme an Sprachkursen; teilweise Gutscheinausteilung statt Geld zum Lebensunterhalt; faktische Doppelbestrafungen von Menschen, die während ihres Asylverfahrens in einem Delikt (welches häufig durch die strukturell erzwungene Armut motiviert und als geringfügig einzuordnen ist) strafrechtlich für schuldig befunden wurden, indem sie zusätzlich zu der juristisch verhängten Strafe ›bevorzugt‹ ausgewiesen werden.

– **Transsexuellen-Gesetz (TSG)**
  Das TSG individualisiert die genderistische Grundstruktur der Gesellschaft, indem ›Gender-Dysphorie‹ als (pathologische) ›Problemlage‹ von Einzelpersonen hergestellt wird; die juristische Anerkennung der eigenen geschlechtlichen Identität wird einzig über aufwendige und erniedrigende juristische Prozesse ermöglicht, welche medizinisch-psychologische Gutachten voraussetzen; gleichzeitig wird

der Weg über das TSG als einzige offiziell anerkannte Möglichkeit eines genderismuskritischen Lebens jenseits von Cis-Geschlechtlichkeit hergestellt. Auch im Mai 2021 wurden im deutschen Bundestag Vorschläge verschiedener Parteien zur Reform bzw. Abschaffung des TSGs erneut mit großer Mehrheit abgelehnt.

– **Gesundheitsindividualisierung**
  Individualisierung von Gesundheitsverantwortung von Menschen durch Rabatte bei Krankenkassen für die Teilnahme an Sportkursen bei gleichzeitigem staatlichem Nicht-Verantwortungs-Übernehmen für die gesundheitliche Belastung durch u. a. Feinstaub, Nikotin, gesundheitsgefährdende Arbeitsbedingungen, pestizidbelastetes Essen und Trinkwasser, die Normalisierung und wirtschaftliche Förderung und Propagierung von Alkohol- und Zuckerkonsum und vieles andere mehr. Der immense Einfluss struktureller Diskriminierung über Rassismus, Genderismus und Armut beispielsweise auf die Möglichkeiten einer eigenen Gesunderhaltung werden komplett ausgeblendet.

»Angstmacherei«

- **Antimuslimischer Rassismus**
  Mediale Gleichsetzung von Muslim*innen mit Islamismus und Terrorismus, insbesondere in Debatten um den sogenannten ›Anti-Terror-Kampf‹. Diskursive Herstellung einer Ursächlichkeit zwischen der Glaubensrichtung einer Person und der ihr zugeschriebenen kriminalisierten Handlungen; damit Schaffung der Verbindung einer gesamten Weltreligion mit Konzepten von Bedrohung und Terrorismus. Kriminalisierte Handlungen einer als muslimisch eingelesenen Person werden medial ideologisiert und kollektiviert, und so als mindestens potentiell islamistisch wahrgenommen. Bei rechten Taten wird in den Medien und durch die Politik hingegen meist eine Einzeltätens-These vertreten.

- **Psychistische Diskriminierung durch den Staat**
  Der Maßnahmenvollzug in Österreich ist die gesetzliche Voraussetzung, um Menschen mit psychiatrischen Diagnosen im Zusammenhang mit unterschiedlichsten Vergehen/Verbrechen von Beschimpfung bis zu Mord nach einer mindestens einjährigen Strafe lebenslang in Gewahrsam halten zu können. 2015 wurde Österreich deshalb vom europäischen Gerichtshof für Menschenrechte verurteilt – trotzdem wird eine Reform seit Jahren ver-

hindert und verschoben. In der juristischen Bezeichnung ›Gesetze und Anstalten für geistig abnorme Rechtstäter‹ findet zudem eine unkritische sprachliche Fortführung nationalsozialistischer Kategorien statt. Diese Bezeichnungen und damit verbundene mediale Berichterstattungen schaffen eine anhaltende kollektive Kriminalisierung von Menschen mit psychiatrischen Diagnosen.

– Trans*feindliche Gewalt
Trans* Menschen werden medial und öffentlich als Gefahr für Frauenräume dargestellt; eine gemeinsame Diskriminierung über Genderismus von trans*, inter*, nicht-binären und genderfrei lebenden Menschen sowie cis-Frauen wird dabei nicht wahrgenommen; auf diese Weise werden trans* Menschen fortlaufend aus anti-genderistischen Räumen ausgeschlossen und so vermehrt Gewalt ausgesetzt; es gibt keine spezifischen Notunterkünfte, Krankenhauszimmer, Umkleiden etc. für trans*, inter*, genderfrei lebende und nicht-binäre Personen. Ähnlich werden Aktiv*istinnen, welche sich für die Rechte und Anliegen von trans*, inter*, genderfreien und nicht-binären Menschen einsetzen, als Gefahr für die Gesellschaft und deren Strukturelemente wie Familie, Sexualität, Geschlechterrollen, usw. dargestellt, um auf diese Weise nicht die Gewalt und Ausschlüsse

in und durch eben diese Struktursysteme hinterfragen zu müssen.

»Der Mythos, dass Gewalt von ›bösen‹ Einzelpersonen ausgeht«

– **Kontinuität von Nationalsozialismus bis heute**
  Die ›Aufarbeitung‹ nationalsozialistischer Gewalt stützt sich weitestgehend auf juristische Maßnahmen. Dadurch und darin geschieht eine Normsetzung von Einzeltätens; kollektive Verantwortungswahrnehmung und -übernahme wird verhindert; statt eine grundlegende Transformation und Reflektion zu ermöglichen, findet in medialen Darstellungen und juristischen Prozessen eine Selbst-Opferisierung und Akteurens-Verschiebung statt, die u. a. in Aussagen wie ›die Deutschen sind verführt worden‹ mündet.

– **›Hasskriminalität‹ und Gesetzgebung**
  Es findet eine kontinuierliche Individualisierung in und durch Gesetze zur ›Hasskriminalität‹ statt, da durch sie primär Individuen (und nicht Organisationen und Strukturen) rechtlich belangt und verantwortlich gemacht werden können. Bei rechter Gewalt (wie beispielsweise im NSU-Verfah-

ren), wird die Gewalt medial und juristisch als Gewalt von Einzeltätens dargestellt (im Gegensatz zu der verallgemeinernden Gewaltzuschreibung bei islamistischem Terror); strukturelle Aspekte rechter Gewalt und Involviertheit von staatlichen Strukturen werden dabei verdeckt.

– **(Nicht-)Verfolgung von staatlicher Gewalt**
Die Aufarbeitung von struktureller rassistischer (Polizei-) Gewalt wird juristisch immer wieder verunmöglicht, verschleppt und verdeckt, beispielsweise bei der strafrechtlichen Verfolgung beim Tod von Menschen in polizeilicher ›Obhut‹ (wie im Fall von Oury Jalloh in Deutschland oder Marcus Omofuma in Österreich). Die Schuld wird stattdessen den Verstorbenen zugeschoben und der Tod als verursacht durch ›Gegenwehr‹ oder als ›Suizid‹ dargestellt.

»Das Untergraben transformierender Zusammenschlüsse«

– **Individualisierung von Widerständen**
Durch Gesetze zur Antidiskriminierung wird Widerstand nicht als kollektiver, systemischer Akt, sondern als individuelle Betroffenheit und Leiden konzipiert. Dies ist der

Fall, wenn juristisch von Benachteiligungen aufgrund von ›Geschlecht‹, ›Rasse‹, ›Alter‹ usw. ausgegangen wird. So werden strukturelle Gewaltformen als Identitäten in Individuen gelegt, statt dass von genderistischen, rassistischen, beHindernden und über Alter hergestellten Diskriminierungen ausgegangen wird. Weitgehende Kollektiv- und Verbandsklagen gegen Diskriminierung sind nicht möglich – hingegen können Unternehmen den Staat auf Schadensersatz verklagen, wenn neue Umweltrechte zu ›Einschränkungen‹ und finanziellen Einbußen für die Unternehmen führen würden.

– **Kriminalisierung von diskriminierungskritischem Aktivismus**
  Seit ein paar Jahren erfolgt eine Aberkennung der Gemeinnützigkeit für gesellschaftstransformierende Vereine; dies betrifft insbesondere Vereinigungen, die sich für einen Abbau von strukturellen Diskriminierungen und eine ökologische Transformation in Deutschland einsetzen. Davon betroffen sind z. B.: Attac, Vereinigung der Verfolgten des Naziregimes VVN und die Antifaschistische Linke; dies steht in einer Linie mit unverhältnismäßigen Anklagen gegen Aktivstens, die sich für den Erhalt der Erde einsetzen und die den Transport von Waffen, Uran und anderen kriegerischen und giftigen Gütern zu verhindern versuchen. Es erfolgen häufig Anklagen

wegen Widerstand gegen die Staatsgewalt mit dem Ziel, abschreckende Exempel zu statuieren. Dies ist z. B. der Fall bei Strafanzeigen gegen Aktivistens im Dannenröder Wald und vielen vergleichbaren aktivistischen Naturschutzrettungsaktiononen wegen Sachbeschädigung. Gleiches gilt auch für die Erklärung des Bundesverfassungsgerichts vom August 2020, dass Containern – das Retten von in Supermarktcontainern entsorgten Lebensmitteln vor der Vernichtung und ihre nicht-kommerzielle Verwendung – als schwerer Diebstahl gilt.

– **Kriminalisierung von Fluchthelfens und Fluchtrettens**
  Es gibt seit Jahren nationale und internationale Strafanzeigen gegen Fluchthelfens, die im Mittelmeer Geflüchtete retten (was eigentlich die humanitäre Aufgabe der Staaten der EU sein sollte) und ihnen so helfen zu überleben. Statt diesen Menschen politische und staatliche Unterstützung zu geben, werden sie angeklagt als ›Schleus*erinnen‹ und/oder es wird ihnen vorgeworfen, mit Schleu*serinnen zusammenzuarbeiten. Beispielsweise wurden im April 2021 21 Mitarbeitens der NGOs Jugend rettet, Save the Children und Ärztens ohne Grenzen angeklagt sich »der Begünstigung der illegalen Einwanderung schuldig gemacht« zu haben. Ihnen wird vorgeworfen, sie hätten als Komplizens der

libyschen Schlepp*erorganisationen gearbeitet. Im Zusammenhang mit den staatsanwaltlichen Ermittlungen dazu auf Sizilien wurden Mitarbeitens der NGOs aus deren Umfeld aber auch Journalistens bis zu sechs Monaten abgehört, auch wenn Personen, die selbst nicht verdächtigt werden, rechtlich gesehen maximal 14 Tage abgehört werden düfen. Auf solche Weise wird humanitäre Hilfestellungen kriminalisiert, um eine rigide menschenverachtende Abschottungspolitik in der EU weiter zu betonieren und jegliche Form anti-nationalistischen Aktivismus für menschliche Würde zu untergraben.

»Personenkult« und »Heldensnarrative«

- **Abtreibungsaktivistens**
  Seit der Reform des Paragraphen 219a im deutschen Strafgesetzbuch wird die darin enthaltene Regelung zum Schwangerschaftsabbruch von feministischen Bewegungen und behandelnden Ärzt*innen kritisiert. 2019 wurde eine behandelnde Ärztin über diesen Paragraphen an- und verklagt, weil sie (wie viele weitere) online über ihre Behandlungsangebote (inklusive Schwangerschaftsabbruch) informierte. Seither ist sie zur Symbolfigur im Kampf gegen den Paragraphen 219a geworden, jahr-

zehntelange Bewegungen und Kritiken (von denen sie Teil ist) werden in diesen Narrativen nicht mehr als kollektive Kämpfe wahrgenommen, sondern einer einzelnen Person zugesprochen.

- **Angela Merkel**
  Die Kanzlerinnenschaft von Angela Merkel wird oftmals dargestellt als Beweis dafür, dass Sexismus in der deutschen (oder gar weiteren europäischen und ›westlichen‹) Gesellschaft der Geschichte angehöre. ›Alle können Kanz*lerin werden‹, sagt dieses Narrativ und lenkt dabei ab von sozialen Ungleichheiten und Diskriminierung und des Mechanismus der Überanpassung an privilegierte Normen, um als strukturell benachteiligte Person, um (in diesem Fall in dem patriarchalen Normsetting) zu bestehen und anerkannt zu werden.

- **Fernseh-Heldens und Einzel-Gewinnens**
  Fernsehshows, welche Einzelpersonen zum Wohlstand und Berühmtheit verhelfen in Sendungen wie »Wer wird Millionär«, »Deutschland sucht den Superstar«, oder »Die Höhle der Löwen«, erwecken zusammen mit staatlich gesteuerten und legitimierten Glücksspielen die Illusion, dass Armut und gesellschaftliche Ungleichheit individuell überwunden werden können – statt in kollektiven Kämpfen und gesellschaftlichem Wandel wird

die (Er)Lösung individuell in Berühmtheit, Reichtum und persönlichem Glück medial hergestellt und Menschen so suggeriert. So wird von der Möglichkeit einer breiteren finanziellen, sozial und Gemeinwohl orientierten gesamtgesellschaftlichen finanziellen Umorientierung abgelenkt zugunsten des Hoffens auf das eigene, persönliche finanzielle Glück.

Teil 2: Unser radikales Vermächtnis antreten: Beispiele für radikal transformierende Bewegungen im deutschsprachigen Raum

Befreiung ist ein kollektiver Prozess

– Diskriminierungskritische Rechtsberatung
Die Rechtsberatung von TGNS in der Schweiz berät trans* Menschen niedrigschwellig zu Möglichkeiten juristischer Anerkennung von selbstgewähltem Vornamen und Gender, medizinischer Versorgung, Flucht und Asyl sowie arbeits- und sozialrechtlichen Fragen; sie sind

kollektiv und mehrsprachig organisiert von trans* Menschen und Unterstützens.
https://www.tgns.ch/de/beratung/recht/

- **Intentionale Kommunen**
  Dies sind umfassende Lebens- und Politikformen. Intentionale Kommunen basieren auf einer gemeinsamen Ökonomie, mit Gemeinschaftsräumen, Werkstätten und weiteren Projektbereichen; sie beruhen auf dem Abbau kleinfamiliärer Strukturen und genderspezifischer Machtstrukturen sowie Konsensprinzipien. So ist beispielsweise die Kommune in Niederkaufungen organisiert: www.kommune-niederkaufungen.de

- **Umverteilungsprojekte, welche Gelder in kollektiven und unhierarchischen Abläufen global und strukturell umverteilen.**
  Beispielsweise ist im Kontext der Corona-Krise informell und selbstorganisiert eine Umverteilungshilfe entstanden, die freiwillige Geldsummen (hauptsächlich für notwendige Miet- oder Krankenversicherungszahlungen) an Bedürftige zahlt; diese richtet sich primär an BIPoC, Migrierens und queere Menschen, die keine anderweitige rechtzeitige Unterstützung (staatlich, privat, etc.) erhalten. maedchenmannschaft.net/so-sieht-solidaritaet-aus-umverteilung-in-zeiten-von-corona/

Ein weiteres Beispiel ist die Stiftung Umverteilen: Hier entscheiden seit 1986 mehrere Arbeitsgruppen in kollektiven Prozessen über die Förderung von Projekten im Kampf gegen Ausbeutung, Unterdrückung, Diskriminierung und Armut. Das Kapital der Stiftung entstammt aus dem Erbe eines Unternehmensverkaufs. Die globale und strukturelle Umverteilung des Stiftungskapitals wendet sich bewusst gegen das kapitalistische System, welches (dieses) Erbe ermöglicht. www.umverteilen.de

Veränderung von ›unten‹ nach ›oben‹

– **Selbst- und Interessensvertretungen**
  Diese Zusammenschlüsse treten ein für politische Sichtbarkeit, politische Ansprechbarkeit und strukturelle Veränderungen. Beispiele sind die Initiative Schwarzer Deutscher, die Zentralräte von unterschiedlich durch Rassismus diskriminierten Personengruppen, die Selbstbestimmt-Leben-Bewegung, die für die Selbstbestimmung und Deinstitutionalisierung beHinderter Menschen eintritt, Bundesverbände zur Vertretung der Rechte von trans* und inter* Menschen und der Bundesverband Psychiatrieerfahrener in Deutschland.

– **Positionierte Entscheidungsstrukturen**
Der Mädchen*beirat bei filia-der Frauen*Stiftung entscheidet seit 2012 positioniert über die Vergabe finanzieller Mittel an Mädchen*projekte. Zielgruppe der Förderprojekte und des Beirats sind vor allem Mädchen*, die mehrfachdiskriminiert sind. www.filia-frauenstiftung.de/
In Österreich gründete sich nach diesem Vorbild 2014 der Mädchen*beirat der hilFoundation.
https://www.maedchenbeirat.at/

– **Strategische Individual-Klagen zur Veränderung diskriminierender Verhältnisse**
Diese Klagen werden häufig stellvertretend durch Individuen oder Gruppen vorbereitet, die so diskriminierende staatlich unterstütze Verhältnisse anfechten und verändern wollen. Die ›Dritte Option‹ hat erfolgreich die Einrichtung einer dritten Personenstandskategorie in Deutschland eingefordert und damit inter*Personen eine wichtige Möglichkeit selbstbestimmter Genderzuordnung ermöglicht. Eine vergleichbare Verfassungsbeschwerde zur Aufhebung der Geschlechtszuweisung bei Geburt unabhängig von einer medizinischen Inter*zuschreibung sowie des Fallenlassens von Gutachtenpflichten zur Genderzuweisung liegt derzeit (Mai 2021) beim Bundesver-

fassungsgericht. Rechtliche, beratende, vernetzende und finanzielle Unterstützung solcher positionierten Klagen geben u. a. die Gesellschaft für Freiheitsrechte (Deutschland) https://freiheitsrechte.org/ und Klagsverband (Österreich) https://www.klagsverband.at.

Nimm dich in Acht vor offenen Türen!

- **Finanzielle Unabhängigkeit behalten**
  Eine Unabhängigkeit von öffentlichen und unternehmerischen Interessen durch kollektive kapitalismus- und diskriminierungskritische (Förder-)Strukturen versucht z. B. Das BIPoC-Trans*-Filmfestival Berlin TransFormations. Es ist ein Community-funding basiertes Projekt, welches auf Antragstellungen und staatliche Unterstützungen verzichtet, um personell und inhaltlich unabhängig agieren zu können; die Karten für das Filmfestival sind preislich gestaffelt und richten sich nach Selbsteinschätzung. Das Festival bietet richtungsweisende Unterstützung zur Selbsteinschätzung, welche strukturelle Privilegierung und Diskriminierung mit berücksichtigen. https://www.facebook.com/TransFormations-Trans-Film-Festival-Berlin-985210028221012/

– **Beraten und Helfen jenseits staatlicher Auflagen**
Die Abhängigkeit von staatlichen Finanzierungen erzwingt häufig die Übernahme von Kriterien des Staates. So schließen Gesundheitseinrichtungen und Obdachloseneinrichtungen zur medizinischen, häuslichen und sozialen Versorgung häufig Menschen ohne legalisierten nachweisbaren Aufenthaltsstatus in Deutschland aus, da sie auf Kostenübernahmen durch Sozialträgens angewiesen sind, die nur für Menschen mit legalisiertem Aufenthalt in Deutschland möglich sind. Eine Gesundheitsversorgung über das ›Asylbewerberleistungsgesetz‹ beinhaltet immer auch die Gefahr der Abschiebung bei drohender Abschiebung oder für Menschen ohne Papiere wegen des Datenaustausches zwischen Behörden. Anonyme Gesundheitsversorgung und ärztliche Hilfe für Menschen ohne Krankenversicherung bieten beispielsweise das Medibüro und das Gesundheitskollektiv in Berlin, Ärzte der Welt oder die Praxis der Jenny De La Torre Stiftung. Ein weiterer Ansatz ist das Modell Anonymer Krankenschein in Hannover und Göttingen. Seit 2016 können sich Menschen ohne Papiere diesen bei Sozialämtern abholen, ohne dass Daten an Behörden weitergegeben werden müssen.

– **Kreative Lösungen gegen die Vereinnahmung kritischer Projekte finden**
Selbstbestimmte psychiatriekritische Zusammenhänge laufen ständig Gefahr, von sozialpsychiatrischen Organisationen und Förderstrukturen vereinnahmt zu werden, die ihnen machtvolle Kategorien und Kriterien als Bedingungen und Auflagen aufzwingen, um Menschen zu unterstützen. Kreative Lösungen müssen ständig neu gefunden werden, wie es beispielsweise das Basaglia-Haus in Linz oder das Weglaufhaus in Berlin durch Fördermodelle gefunden haben, die sie teilweise unabhängig von Sozialpsychiatrie gemacht haben. Beide Einrichtungen sind aus antipsychiatrischen und/oder Psychiatriebetroffenen-Bewegungen entstanden und praktizieren auf diese Weise umfassend selbstorganisierte kollektive Unterstützungsformen, die zudem Schutz bieten vor (drohender) Obdachlosigkeit und Psychiatrisierung.

Für uns, von uns!

– **Selbstorganisierungen, Peer-Beratung und Selbstvertretungen**
Kotti & Co ist eine Mietensgemeinschaft am Kottbusser Tor in Berlin-Kreuzberg, die seit 2011 gegen die Ver-

drängung von Mietens mit kleinem Einkommen aus der Innenstadt kämpft sowie gegen hohe Mieten und Rassismus; Kotti & Co organisiert Demos und besetzt seit 2012 mit einem selbst gebauten Holzhaus den Platz vor den eigenen Sozialwohnungen am Kottbusser Tor in Berlin. https://kottiundco.net
Die von Inhaftierten initiierte Selbst- und Interessensvertretung Maßnahmenvollzug (SIM) in Österreich begleitet Menschen, die auf unabsehbare Zeiten im Maßnahmenvollzug interniert sind, bietet juristische Beratung und setzt sich öffentlich für die Reform des Maßnahmevollzugs ein. www.sim.or.at
Sehr viele Initiativen, die Selbstorganisierung und -beratung anbieten, sind zugleich auch im Bereich der Veränderung hegemonialer Politiken aktiv (siehe weiter oben: Veränderung von ›unten‹ nach ›oben‹).

– **Eigene Strukturen schaffen**
International Women Space (https://iwspace.wordpress.com) ist eine feministische, antirassistische politische Gruppe, welche rassistische und sexistische (Alltags)Gewalt dokumentiert und in Podcasts, auf Demonstrationen und in Publikationen auf gesellschaftliche Ungleichheit hinweist und Themen wie Flucht, Gastarbeit, Rassismus und feministische Kämpfe sichtbar macht. Eine ähnliche

selbstorganisierte positionierte Organisation ist Women in Exile. www.women-in-exile.net

- **Selbstorganisierte Bildungs-, Veranstaltungs- und Aktionskollektive**
  Das Black Earth – BIPoC Environmental and Climate Justice Kollektiv Berlin setzt sich ein für rassismuskritische und antikoloniale Klimagerechtigkeit, es organisiert Veranstaltungen, Workshops und Filmscreenings. https://blackearthkollektiv.org;
  Das queere Bildungs- und Antidiskriminierungs-Projekt QuBe in Greifswald (Mecklenburg-Vorpommern) organisiert Vernetzung, Empowerment und öffentliche Veranstaltungen in einem in Bezug auf diskriminierungskritische Initiativen strukturschwachen Raum. https://qube.netz.coop/
  Weitere Beispiele hier sind Each One Teach One (EOTO) https://eoto-archiv.de/ und alternative Bibliotheken und Buchverleihe wie die Lotte Bibliothek in Luzern https://lotte-bibliothek.org/, die Feministische Bibliothek im Streikhaus Zürich https://streikhaus.ch, Halle Postkolonial https://www.facebook.com/hallepostkolonial/, die Feministische Bibliothek MONAliesA Leipzig www.monaliesa.de und die Buch- und Medienfernleihe an Gefangene und Menschen in Landeskrankenhäusern www.kunst-und-literaturverein.de

- **Wohn-, Veranstaltungs- und Anbaukollektive, welche sich an einer diskriminierungskritischen, kapitalistischen und naturerhaltenden Praxis orientieren**
  Der trans*feministische queere Wagenplatz Kanal in Berlin ist ein (Wohn-)Kollektiv von mehrheitlich queer und trans* BIPoC und Migrierens. Er praktiziert ökologische Verantwortungsübernahme und versucht aus kapitalistischen Strukturen auszusteigen. https://kanal.squat.net/
  Das Raaupe-Kollektiv in Bern lebt »Revolution im Alltag« über Arbeit, Vernetzung, Bildung und gemeinschatliche Ökonomie jenseits kapitalistischer Logiken ohne zusammen zu wohnen https://new.raaupe.ch/.
  Der Karla*hof ist ein Gemeinschaftsprojekt in der Uckermark (Mecklenburg-Vorpommern), auf dem mit kollektiver Subsistenz, nicht-kommerzieller Landwirtschaft und Formen eines gewaltfreieren sozialen Miteinanders experimentiert wird https://www.karlahof.de

- **Unterstützungs-, Bildungs-, Kunst- und Informationskollektive**
  Die SicknessAffinityGroup ist ein Kollektiv, das die konkurrenzbasierten und beHindernden Arbeitsstrukturen im künstlerischen Bereich herausfordert, indem Infor-

mationen und Erfahrungen ausgetauscht und das Wohlergehen und Zugangs-Bedürfnisse aller Personen im Kollektiv zentriert werden; die Praxis des Kollektivs umfasst regelmäßige Austausch- und Unterstützungstreffen und kollektive Organisation, Durchführung und Kuration von Workshops und Kunstprojekten.
http://sicknessaffinity.org/

– **Tausch-, Verleih- und Reparaturprojekte**
  Solche Projekte ermöglichen kollektive Nutzung und Wissensweitergabe als Befreiung aus kapitalistischen Zwängen, zum Teilen und Wiederverwerten von Alltags- und Gebrauchsgegenständen, die nur ab und zu genutzt werden. Sie finden sich in vielen Städten und Regionen.
  www.reparatur-initiativen.de; www.fairleihen.de; www.depot-leipzig.de.
  Ähnliche Ansätze finden sich bei Verteilsystemen: (Kühl-) Schränke an öffentlichen Orten, in denen Menschen Esswaren hinterlegen und mitnehmen können als Projekt gegen Armut und die Verschwendung von Lebensmitteln, Freeboxen in Hausfluren, die Umfunktionierung ehemaliger Telefonzellen als Büchertauschbörsen.

Wahre Sicherheit bedeutet kollektive Transformation!

– Gemeinwesenorientierte Konfliktregelungen
  Die Waage Hannover verfolgt einen Restorative-Justice-Ansatz, der über die Vermittlung im Hinblick auf einen ›klassischen‹ Tätens-Opfer-Ausgleich (TOA) hinausgeht und u. a. Konfliktvermittlung in Alltagssituationen, aber auch in schweren strafrechtlich relevanten Konflikten vollzieht. Letzteres wird auch über die stärkere Einbindung des sozialen Umfeldes der Konfliktbeteiligten und Verankerung der Konfliktregelung im sozialen Nahraum hergestellt. Der Restorative-Justice-Ansatz ist nicht auf strafrechtlich relevantes Verhalten begrenzt, sondern umfasst – auch präventiv – Konflikte aus allen Lebensbereichen und alle mit Unrecht und persönlichem Leid verbundenen Störungen von Beziehungen bzw. des Gemeinwesens. https://waage-hannover.de/waage/

– Kollektive Kommunikationsunterstützungen
  Das Kommunikations-Kollektiv unterstützt Gruppen dabei, ihre Visionen selbstbestimmt, gleichberechtigt und partizipatorisch umzusetzen. Aus dem jahrelangen Engagement in verschiedenen Graswurzelinitiativen fand sich das Kollektiv zusammen, um Themen wie versteckte

Hierarchien und Hürden bei Kommunikation und Entscheidungsfindung anzugehen. Es gibt Trainings- und Workshopangebote, Möglichkeit für Beratungen und Mediationen sowie einen Newsletter.
https://www.kommunikationskollektiv.org/

- **Politische Bildungs- und Beratungsarbeit**
  Glokal e. V. bietet politische Bildungs- und Beratungsarbeit an, um Strukturen der Ausbeutung, Unfreiheit und Dominanz offenzulegen und kritisch zu hinterfragen, die Bildungsangebote helfen bei der Bekämpfung von Rassismus und Marginalisierung, bieten Empowerment für Diskriminierte, Reflexion für Privilegierte und Ansätze der Dekolonisierung durch Bildungsarbeit, Vorträge, Prozessbegleitung, kritisches Lektorat und vieles mehr.
  www.glokal.org

In diesem Text haben wir versucht einige wenige, in keiner Weise repräsentative oder abschließende Beispiele dazu zu geben, wie das Manifest aktivistisch in den deutschsprachigen Raum über_tragen werden kann – sowohl in Bezug auf konkrete Strategien der Unterdrückung, als auch in Bezug auf transformierende kollektive Projekte. Der aber zentralste Teil der Über_setzungs-Aufgabe liegt nicht hier, sondern im Alltag von uns allen:
Wie können wir radikal trans*formative Bewegungen in unserem Handeln weiterführen?
Wie können wir die Ansätze, die Verbundenheit und die Solidarität dieses Textes in unser Leben über_setzen? In unseren Aktivismus, in unsere Verbundenheit mit uns selbst und allem Lebendigen? Damit zu beginnen, diese Ansätze fortzusetzen und wertzuschätzen, verändert Welt im Sinne des Manifests.

Eliah Lüthi und Lann Hornscheidt im Sommer 2021

w_orten & meer – Verlag für verbindendes diskriminierungskritisches Handeln

w_orten & meer ist ein non-profit Verlag ~ Bücher und Publikationen sind für uns eine wertschätzende Gestaltung von Welt. Wir verlegen Bücher, die zu intersektionaler Gewalt empowernde Perspektiven eröffnen und neue Ausdrucksweisen anbieten.

Der Verlag arbeitet sozial und ökologisch nachhaltig: bei der Herstellung und dem Transport der Bücher, beim Einrichten und Unterhalten des Büros und auf der Ebene der Bezahlung von Menschen, die an den verschiedenen Produktionsschritten für ein Buch beteiligt sind.

Weitere Informationen zu unserer Arbeitsweise sowie unser Gesamtprogramm finden sich auf unserer Webseite:
www.wortenundmeer.net